Wissenschaftliche Beiträge aus dem Tectum Verlag

Reihe Sozialwissenschaften

Wissenschaftliche Beiträge
aus dem Tectum Verlag

Reihe Sozialwissenschaften
Band 98

Niklas Petersen

Ambivalenzen der Eigenverantwortung

Prekäre Selbstbestimmung im flexiblen Kapitalismus

Mit einem Vorwort von Jörg Oberthür und Hartmut Rosa

Tectum Verlag

Niklas Petersen
Ambivalenzen der Eigenverantwortung
Prekäre Selbstbestimmung im flexiblen Kapitalismus
Mit einem Vorwort von Jörg Oberthür und Hartmut Rosa

Wissenschaftliche Beiträge aus dem Tectum Verlag,
Reihe: Sozialwissenschaften; Bd. 98

© Tectum – ein Verlag in der Nomos Verlagsgesellschaft, Baden-Baden 2020
ISBN 978-3-8288-4517-6
ePDF 978-3-8288-7557-9
ePub 978-3-8288-7558-6
ISSN 1861-8049

Gesamtverantwortung für Druck und Herstellung:
Nomos Verlagsgesellschaft mbH & Co. KG
Printed in Germany
Alle Rechte vorbehalten

Informationen zum Verlagsprogramm finden Sie unter
www.tectum-verlag.de

Bibliografische Informationen der Deutschen Nationalbibliothek
Die Deutsche Nationalbibliothek verzeichnet diese Publikation in der
Deutschen Nationalbibliografie; detaillierte bibliografische Angaben
sind im Internet über http://dnb.ddb.de abrufbar.

Inhalt

Vorwort

Die Idee der Freiheit und der mit ihr verbundenen selbstbestimmten Lebensführung eines jeden einzelnen Menschen gehört zu den zentralen Versprechen der Moderne. Unter der Überschrift der ›Autonomie‹ war sie seit der Zeit der Aufklärung zugleich mit der Frage verbunden, wie und auf welcher ethischen Grundlage diese in Gesellschaft realisiert werden kann.

Vor diesem Hintergrund hat Gesellschaftstheorie, insbesondere dort wo sie mit soziologischem Erklärungsanspruch auftrat, über weite Strecken des 20. Jahrhunderts in verschiedenen Varianten immer wieder die Frage verfolgt, wieviel autonome Praxis unter den Bedingungen zunehmender Rationalisierung, Bürokratisierung und funktionaler Differenzierung und unter dem Eindruck der damit verbundenen Steigerungsimperative möglich ist bzw. bleibt. Dabei konnte sich die Theorie davon überzeugen, dass die soziale Praxis – in Form von artikulierten Ansprüchen, kreativen Handlungspotentialen und letztlich auch in Form von Protest – empirisch Autonomie notfalls gegen die Anforderungen institutioneller Kontexte zur Geltung bringt.

Die Faktizität der daraus erwachsenden Spannungsverhältnisse zwischen Emanzipationsvorstellungen auf der einen Seite und den demgegenüber vielfach konträren Wirklichkeiten der Arbeits-, Herrschafts- und Lebensverhältnisse auf der anderen bildeten zugleich einen Anker für normativ geprägte Zeitdiagnosen: Soziologie brauchte im Grunde nur die jeweils noch nicht realisierten individuellen und kollektiven Autonomieforderungen aufzugreifen, als soziale Phänomene ernst zu nehmen und gegen die vermeintliche Selbstläufigkeit des Fortschrittsprojekts ›Moderne‹ in Stellung zu bringen – sie war allein in dieser Beschreibung bereits kritisch und ›progressiv‹.

Diese Konstellation hat sich im 21. Jahrhundert verändert, und die mit dieser Veränderung verbundenen tektonischen Verschiebungen im

Verhältnis von Autonomie und institutioneller Ordnung werden in ihrer Bedeutung für die Gesellschaftstheorie gegenwärtig erst erschlossen. Neuere empirische Untersuchungen unterschiedlicher sozialer Handlungsfelder – sie umfassen vom Staat über die Arbeitswelt bis hinein in die Privatsphäre nahezu alle bisher ausdifferenzierten gesellschaftlichen Teilbereiche – zeigen, dass die Forderung nach ›mehr Autonomie‹ einerseits scheinbar erhört wurde und zum dominanten Funktionsprinzip moderner Institutionen geworden ist: (Spät-) moderne Institutionen sind auf selbstbestimmt handelnde und entscheidende Subjekte funktional angewiesen. Autonomie begegnet dem spätmodernen Subjekt andererseits jedoch gerade deshalb nun als alltäglicher Imperativ und führt insbesondere dort zu neuen Spannungen, wo Hemmnisse autonomer Handlungspraxis in scheinbar paradoxer Weise aus den strukturellen Bedingungen derjenigen Institutionen erwachsen, die zugleich immer öfter nach eben jener autonomen Praxis verlangen. Mit anderen Worten: Gerade weil in den Bildungs-, Arbeits-, Konsum- und Familienwelten in immer stärkerem Maße ›autonome, langfristig verantwortliche Entscheidungen‹ gefordert werden, wird die selbstbestimmte, auf langfristige Werte und Ziele hin angelegte Lebensführung für die Subjekte immer schwieriger.

Niklas Petersen hat mit der vorliegenden Untersuchung dieses Spannungsverhältnis nun zum ersten Mal systematisch und empirisch in den Blick genommen. Er geht darin der Frage nach, welche Beziehungen zwischen gesellschaftlichen Autonomieanforderungen, ihrer subjektiven Internalisierung in Form von Selbstansprüchen und den tatsächlich gegebenen Handlungsmöglichkeiten individueller Akteur_innen bestehen. In den Fokus rückt er hierbei die Erfahrungen prekär beschäftigter und arbeitsloser Menschen bzw. deren jeweilige biografische und situative Bewältigungsweisen ökonomischer und sozialstaatlicher Anforderungskonflikte. Petersen verbindet hierbei empirische Befunde aus dem Kontext eines Forschungsprojekts am Jenaer Institut für Soziologie, an dem er maßgeblich mitgewirkt hat, mit einer elaborierten und prägnanten Diskussion der bisher vorhandenen Theorieangebote zu den Widersprüchen institutionalisierter Handlungsautonomie. Das Buch entfaltet neben einem differenzierten Überblick über die verschiedenen Stränge der mit dieser Thematik befassten Debatte zugleich ein innovatives Begriffsraster differenter Autonomieaspekte, mit dem solche Widersprüche besser als bisher erfasst werden können. Im an der dokumentarischen Methode orientierten Umgang mit dem empirischen Material erweist sich dabei erst das volle Potential der von Petersen entwickelten Heuristik, die es ermöglicht, die Spannungsverhältnisse zwischen (wahrgenommenem) ›gesellschaftlichem Sollen‹ (Autonomieanforderungen), ›subjektivem Wollen‹ (Autonomieansprüchen), ›individuellem Können‹ (Handlungsspielräumen) und ›praktischem Handeln‹ (Alltagspraxis) analytisch trennscharf zu bestimmen. Die auf dieser Grundlage aus der Empirie entwickelte Falltypologie zeigt auf beeindruckende Weise und mit viel Gespür für Nuancen die im Titel des Buchs nahegelegten Ambivalenzen der ›Eigenverantwortung‹ auf. Unter den Bedingungen kapitalistischer Produktions- und Arbeitszusammenhänge produziert die permanente Anrufung solcher Eigenverantwortung, so lautet eines der Hauptergebnisse, neben partiellen Autonomiespielräumen auch systematische Überforderungen und Erfahrungen des strukturell vorprogrammierten Scheiterns, das nicht selten die Autonomiehoffnungen und -erwartungen in existentielle Ohnmachtserfahrungen umschlagen lässt. Ob und inwiefern eine gesellschaftstheoretische Zeitdiagnose ausgehend hiervon noch eine immanente, d.h. an den Autonomieansprüchen der Individuen orientierte, Kritik solcher Verhältnisse formulieren kann und sollte, ist die alles überspannende Frage, die sich der Autor letztendlich stellt. Die Antwort ist skeptisch und engagiert zugleich und empfiehlt das Buch für jede sich als emanzipatorisch verstehende Soziologie zur Pflichtlektüre und Diskussion.

Jörg Oberthür und Hartmut Rosa

1. Einleitung

Zahlreiche soziologische Zeitdiagnosen laufen in der Beobachtung zusammen, dass sich die Idee der Selbstbestimmung von subjektivem Anspruch und oppositioneller Forderung zur Funktionsbedingung und Legitimationsgrundlage des gegenwärtigen Kapitalismus gewandelt hat (siehe bspw. Boltanski & Chiapello 2013[1999]; Kocyba 2005; Honneth 2010[2002]; Rosa 2010). Mit dem kapitalistischen Strukturwandel der letzten Jahrzehnte und der Etablierung eines ›flexibel-marktzentrierten Produktionsmodells‹ (Dörre 2003) scheinen individuelle Autonomiepotenziale weniger als Störfaktor, sondern zunehmend als verwertbare Ressourcen gehandelt zu werden. In diesem Sinne wird mit den Sozialfiguren des ›flexiblen‹, ›unternehmerischen‹, ›aktiven‹ und ›kreativen Selbst‹ soziologisch beschrieben, wie die aus alten Hierarchien und sozialen Sicherheiten entlassenen Menschen aufgefordert sind, sich selbstständig flexibel den wechselnden Markterfordernissen anzupassen, in Eigenverantwortung Arbeits- und Lebensrisiken abzusichern, nach beruflicher Selbstverwirklichung zu streben und die eigene Kreativität authentisch in der projektförmig organisierten Arbeitswelt einzubringen (Sennet 2000; Bröckling 2007; Lessenich 2008; Reckwitz 2012).

Die neue Bedeutung von Autonomie[1] in der subjektivierten Arbeitswelt und dem aktivierenden Sozialstaat des flexiblen Kapitalis-

---

1 Die Begriffe ›Selbstbestimmung‹ und ›Autonomie‹ werden in den philosophischen Debatten nicht einheitlich voneinander abgrenzt und oftmals als Synonyme gebraucht (vgl. Esser 2011: 875). Da eine sinnvolle trennscharfe Unterscheidung nicht möglich erscheint, werden im Folgenden beide Begriffe synonym als Oberbegriffe der unterschiedlichen, noch zu differenzierenden Autonomiefacetten genutzt. Auch der Begriff der ›Freiheit‹ wird von einigen Autor/innen im

mus ist jedoch nicht (nur) mit einer Steigerung persönlicher Freiheiten, sondern (auch) mit neuen subjektiven Leiden verbunden, und scheint teilweise sogar mit einer Einengung individueller Gestaltungsspielräume einherzugehen:

So wird aus unterschiedlichen soziologischen Perspektiven beobachtet, wie die allgegenwärtigen Selbstverwirklichungsimperative und Selbstaktivierungsaufforderungen die Menschen in die Erschöpfung und Handlungsunfähigkeit treiben. Im Sinne Alain Ehrenbergs (2008: 20) Beschreibung der Depression als »Krankheit der Verantwortung und Initiative« lässt sich die zunehmende Verbreitung von Erschöpfungskrankheiten gesellschaftstheoretisch als pathologisches Symptom des modernen Individualismus und der gesteigerten Bedeutung von Autonomie in der Gegenwartsgesellschaft deuten (vgl. auch Honneth 2010; Voß & Weiss 2013; Neckel & Wagner 2014).

Weiterhin lässt sich beobachten, dass im Zuge von sozialer Beschleunigung, neosozialem Umbau des Sozialstaates sowie der Deregulierung, Flexibilisierung und Prekarisierung von Arbeit (Dörre, Lessenich & Rosa 2009) den Individuen gerade jene Handlungsressourcen genommen werden, die zur Einlösung der multiplen Autonomieanforderungen notwendig wären. Insbesondere Menschen in prekären Lebenslagen und Beschäftigungsverhältnissen sind aufgrund fehlender Planungshorizonte, beschränkter finanzieller Mittel und ständiger Angst vor dem sozialen Abstieg vielfach kaum in der Lage, den institutionalisierten Autonomieerwartungen zu entsprechen (vgl. Lessenich 2008: 82; Dörre 2009a: 78f.; Jürgens 2010: 579).[2]

Zudem zeigt sich, dass zeitgenössische Produktionskonzepte und sozialpolitische Programme zwar auf die Steigerung der ›Ausführungsautonomie‹ der Menschen zielen, die tatsächliche ›Gestaltungsautonomie‹ der Einzelnen jedoch gleichzeitig begrenzt bleibt: Während Autonomie vor allem in Form von Selbstaktivierung und Selbststeuerung eingefordert wird, ist von Autonomie im Sinne der Möglichkeit, die Rahmenbedingungen des eigenen Lebens und Arbeitens mitzugestalten, meist wenig die Rede (vgl. Gorz 2000: 174; Wolf

---

Sinne der Selbstbestimmungsidee verwandt und in dieser Arbeit nicht inhaltlich von den Begriffen Selbstbestimmung und Autonomie unterschieden.

2   Arbeitsverhältnisse werden dann als prekär begriffen, wenn die Beschäftigten unter das Einkommens- und Schutzniveau fallen, das als normaler gesellschaftlicher Standard begriffen wird (vgl. Brinckmann, Dörre & Röbenack 2006: 17, siehe zur Definition und Diskussion des Prekaritätsbegriffs: Kapitel 3.1, S. 40).

2004; Graefe 2010a: 246, 2015: 12). Auch wird darauf hingewiesen, dass nur ein Teil der Beschäftigten als ›Unternehmer ihrer Selbst‹ adressiert ist und in vielen Segmenten des Arbeitsmarkts die Arbeitnehmer/innen weiterhin nicht zu Kreativität oder authentischer Selbstverwirklichung, sondern weiterhin zu Flexibilität, Anpassung und Unterordnung gezwungen sind (vgl. van Dyk 2010: 42).

Schließlich lassen empirische arbeitssoziologische Studien vermuten, dass das Leitbild des ›unternehmerischen Selbst‹ vielen Beschäftigten äußerlich bleibt und sich große Teile der Bevölkerung nicht freiwillig entsprechend den ökonomischen Erfordernissen verhalten (siehe etwa Hürtgen & Voswinkel 2012; Dörre, Holst & Matuschek 2013: 242). Es deutet sich an, dass der Aufforderung, sich eigenverantwortlich um die eigene Beschäftigungsfähigkeit zu sorgen und die Arbeitswelt als eine Arena der Selbstverwirklichung zu begreifen, vielfach der subjektive Wunsch nach Sicherheit, guten (d.h. auch verlässlichen) Arbeitsbedingungen und einem planbaren Leben entgegensteht. Es scheint deswegen zweifelhaft,»dass die Integrationsleistung des postfordistischen Aktivierungsregimes tatsächlich vor allem auf einer Internalisierung seiner Freiheitsversprechen, auf den ›Zwang zur Freiheit‹ zurückzuführen sind« (Dörre 2009b: 200f.).

Während nun arbeitssoziologische sowie kultur- und gouvernementalitätstheoretische Studien allgemein beschrieben haben, wie sich mit dem kapitalistischen Strukturwandel der letzten Jahrzehnte die Leitbilder gelungener Subjektivität und die gesellschaftlichen (Autonomie-)Anforderungen insgesamt gewandelt haben (prominent: Pongratz & Voß 1998; Bröckling 2007; Boltanski & Chiapello 2013), scheint es nun genau ein Desiderat aktueller soziologischer Zeitdiagnose zu sein, zu rekonstruieren, wie Alltagshandelnde in unterschiedlichen sozialen Lagen und biographischen Situationen von dem Wandel der kulturellen Imperative und ökonomischen Erfordernisse tatsächlich betroffen sind, wie sie sich die hegemonialen Leitbilder gelungener Subjektivität aneignen, und wie sie die sich verändernden (Autonomie-)Anforderungen unter den Bedingungen je spezifischer Handlungsspielräume praktisch bearbeiten (vgl. zu dieser Einschätzung: van Dyk 2010: 45; Bührmann 2012a: 158f.; Alkemeyer 2013: 39ff.; Geimer 2014). Beispielsweise machen gouvernementalitätstheoretische Ansätze zwar auf die Selbstwidersprüchlichkeiten und Unabschließbarkeit zeitgenössischer Autonomieanforderungen aufmerksam, können jedoch aufgrund ihrer sozialtheoretischen Anlage[3] und ihrem Analyse-fokus auf diskursive Subjektivierungsregime kaum Ungleichzeitigkei-ten zwischen Subjekt-Anrufungen, subjektiven Alltagsorientierungen und realen Alltagspraktiken wahrnehmen.

Eine soziologische Zeitdiagnose, die die ambivalente Bedeutung von Autonomie in der Gegenwartsgesellschaft fassen möchte, steht deswegen vor der Herausforderung, zum einen genauer zu bestimmen, was der Wandel der kulturellen Imperative und ökonomischen Erfor-dernisse für die Alltagshandelnden in unterschiedlichen sozialen La-gen praktisch bedeutet, und zum anderen der Möglichkeit Rechnung zu tragen, dass sich institutionalisierte Autonomieanforderungen auf-grund begrenzter Handlungsspielräume als uneinlösbar herausstellen und in Konflikt geraten können mit den Ansprüchen der Alltagshan-delnden. Für diesen Zweck scheint es notwendig, über die Rekon-struktion von Diskursen, Produktionskonzepten oder sozialpolitischen Arrangements hinauszugehen und mit der Analyse auf der Ebene der Alltagsorientierungen und -praxen empirischer Subjekte anzusetzen.

Um zudem zu vermeiden, dem verzerrten Bild einer postfordisti-schen Arbeits- und Sozialwelt aufzusitzen, in der individuelle Freihei-ten tatsächlich verwirklicht sind, nur weil zur effizienteren Inwertset-zung der ›Ware Arbeitskraft‹ auf die Selbststeuerungsfähigkeiten der Arbeitnehmer/innen zurückgegriffen wird, ist die soziologische Ana-lyse weiterhin gefordert, die mit der Selbstbestimmungsidee verbun-denen Begriffe wie Kreativität, Authentizität, Selbstverwirklichung, Selbstaktivierung und Eigenverantwortung inhaltlich genau zu be-stimmen, und zu fragen, welchem Zweck sie dienen (vgl. van Dyk 2010: 47).

Die angedeuteten offenen Fragen zur ambivalenten Bedeutung von Autonomie im flexiblen Kapitalismus aufnehmend, hat es die vorlie-gende Arbeit zum Ziel

– ausgehend von einer ideengeschichtlichen Rekonstruktion und begrifflichen Abgrenzung unterschiedlicher Bedeutungsgehalte der Selbstbestimmungsidee, und

---

3   Unter ›Sozialtheorien‹ lassen sich im Anschluss an Georg Simmel grundlegende Annahmen über soziale Phänomene verstehen, die den Forschungsgegenstand mit konstituieren. Demgegenüber erklären am empirischen Material entwickelte ›Theorien mittlerer Reichweite‹ konkrete soziale Tatbestände; ›Gesellschaftsthe-orien‹ beschreiben zeitdiagnostisch historische Großformationen (vgl. Linde-mann 2007: 5ff.).

- vor dem Hintergrund der soziologischen Debatten zur Prekarisierung von Arbeit und dem Stellenwert von Autonomie in der Gegenwartsgesellschaft
- eine Heuristik zur Analyse von Subjektivität zu erarbeiten, die es ermöglicht,
- auf Grundlage von problemzentrierten Interviews empirisch zu untersuchen, an welchen inhaltlichen Wendungen der Selbstbestimmungsidee sich Menschen in prekären Arbeits- und Lebensverhältnissen orientieren, und schließlich zu rekonstruieren,
- wie Prekarisierte mögliche Differenzen zwischen Anforderungen, Ansprüchen und Möglichkeiten der Selbstbestimmung alltagspraktisch bearbeiten.

Aufbau der Arbeit

Es ist also Anliegen der Arbeit zu untersuchen, auf welche Weise Menschen in prekären Arbeits- und Lebensverhältnissen Autonomie tatsächlich als eine äußere Anforderung gegenübertritt, und wie Prekarisierte gesellschaftliche Autonomieanforderungen und eigene Autonomieansprüche im Rahmen ihrer jeweiligen Handlungsspielräume praktisch bearbeiten.

Da aber die Frage, was überhaupt unter Autonomie zu verstehen ist, schon in den philosophischen, sozialwissenschaftlichen und öffentlichen Debatten höchst divergent beantwortet wird und die widersprüchlichen Diagnosen und Einschätzungen zum Stellenwert von Autonomie in der Gegenwart nicht selten schlicht aus divergierenden Autonomiebegriffen resultieren, soll zu Beginn der Arbeit zunächst unterschiedlichen Bedeutungsgehalten der Selbstbestimmungsidee aus ideengeschichtlicher Perspektive nachgegangen werden *(Kapitel 2: Ideengeschichtlicher Hintergrund)*. Ausgehend von der Beobachtung, dass die Idee der Selbstbestimmung sich als eine zentrale, wenn nicht *die* normative Leitidee der Moderne etabliert hat (Kapitel 2.1), werden als terminologische Basis für die anschließende empirische Analyse mit ethischer Autonomie, moralischer Autonomie, Privatautonomie, sozialer Autonomie, politischer Autonomie und Eigenverantwortung sechs Facetten des Autonomiebegriffs rekonstruiert und voneinander abgegrenzt (Kapitel 2.2).

Zur gesellschaftstheoretischen Situierung der Untersuchung sollen sodann die soziologischen Debatten zur Prekarisierung von Arbeit und der Bedeutung von Autonomie im flexiblen Kapitalismus diskutiert werden *(Kapitel 3: Gesellschaftstheoretische Ausgangspunkte)*. Vor dem Hintergrund einer regulationstheoretischen Bestimmung des gesellschaftlichen Strukturwandels und auf Grundlage von arbeitssoziologischen sowie kultur- und gouvernementalitätstheoretischen Zeitdiagnosen wird nachgezeichnet, wie die Folgen der Deregulierung, Flexibilisierung und Prekarisierung von Arbeit soziologisch reflektiert werden (Kapitel 3.1), und es wird skizziert, wie die Funktionalisierung und Indienstnahme subjektiver Autonomiepotenziale im Kontext postfordistischer Produktionskonzepte und aktivierender Sozialpolitik gesellschaftstheoretisch gedeutet werden (Kapitel 3.2).

Um nun entsprechend des Anliegens der Arbeit über die Analyse von sozialpolitischen Institutionen, Arbeitsarrangements und Subjektivierungsregimen hinauszugehen und neben Subjekt-Anrufungen und institutionalisierten (Autonomie-)Anforderungen auch die subjektiven Orientierungen und Autonomieansprüche, die materiellen Lebensbedingungen und individuellen Handlungsspielräume sowie die reale Alltagspraxis der empirischen Subjekte in den Blick nehmen zu können, wird im sozialtheoretischen Teil der Arbeit *(Kapitel 4: Sozialtheoretische Grundlegungen)* vorgeschlagen, Subjektivität auf den Ebenen des ›gesellschaftlichen Sollens‹, des ›subjektiven Wollens‹, des ›individuellen Könnens‹ und des ›praktischen Handelns‹ zu untersuchen (Kapitel 4.1), und es wird gezeigt, wie diese Heuristik mittels der wissenssoziologisch-praxeologisch fundierten dokumentarischen Methode für die empirische Analyse des Verhältnisses von Anforderungen, Ansprüchen, Möglichkeiten und Praktiken der Selbstbestimmung fruchtbar gemacht werden kann (Kapitel 4.2).

In Vorbereitung auf die empirische Untersuchung der Arbeit werden schließlich die Datengrundlage der Untersuchung, das konkrete Auswertungsverfahren und die Schritte der Typenbildung umrissen *(Kapitel 5: Methodisches Vorgehen)*.

Im empirischen Teil der Arbeit *(Kapitel 6: Empirische Einsichten)* wird zunächst skizziert, an welchen Autonomievorstellungen sich Menschen in unterschiedlichen prekären Lebenslagen orientieren. Es wird gefragt, auf welche Weise sich die im ideengeschichtlichen Kapitel rekonstruierten unterschiedlichen Wendungen der Selbstbestimmungsidee in den Alltagsvorstellungen der Prekarisierten wiederfinden (Kapitel 6.1). Im zweiten empirischen Kapitel wird anschließend eine relationale Typologie vorgestellt, in der Muster der Aneignung und alltagspraktischen Bearbeitung zeitgenössischer Autonomieanforderungen systematisiert werden (Kapitel 6.2).

6

Die Arbeit abschließend werden die empirischen Befunde vor dem Hintergrund der gesellschaftstheoretischen Beobachtungen zum Verhältnis von Prekarisierung und Autonomie im flexiblen Kapitalismus diskutiert (Kapitel 7.1), und es wird gefragt, welche sozialen Dynamiken aus den identifizierten Spannungen zwischen Anforderungen, Ansprüchen und Möglichkeiten der Selbstbestimmung entstehen könnten (Kapitel 7.2).

2. Ideengeschichtlicher Hintergrund

2.1 Selbstbestimmung als normative Leitidee der Moderne

Der aus dem Altgriechischen stammende, aus den Wörtern ›autós‹ (Selbst) und ›nómos‹ (Gesetz) zusammengesetzte Begriff ›autonomía‹ lässt sich mit Selbstgesetzgebung, Selbstständigkeit oder Selbstbestimmung übersetzen, und war in der Antike zunächst primär mit dem Anspruch der griechischen Stadtstaaten verbunden, politische Unabhängigkeit zu erlangen (vgl. Pieper 1998: 289; Spree 2003). Neben seiner Bedeutung in diesem politischen Kontext verwies der Begriff der Autonomie jedoch schon in der griechischen Klassik zugleich auf die Vorstellung persönlicher Selbstgesetzgebung: So charakterisierte etwa Sophokles die Figur der Antigone – die ihre selbstgegebenen Maximen den willkürlichen Geboten des Königs Kreon überordnet und, um ihrer inneren Haltung treu bleiben zu können, den eigenen Tod in Kauf nimmt – als »die einzige, die autonom lebt« (Sophokles zit. n. Pieper 1998: 289; vgl. Dietz 2013: 256).[4]

Nachdem der Begriff der Autonomie dann in der römischen Antike und im Mittelalter kaum eine Rolle spielte (vgl. Pieper 1998: 289f.), gewann er mit Beginn der europäischen Aufklärung zunehmend an Bedeutung und wurde innerhalb verschiedener ideengeschichtlicher Traditionen auf ganz unterschiedliche Weise ausbuchstabiert. So kann eine Person dann als autonom begriffen werden, wenn sie ihr Handeln an selbstgesetzten und verallgemeinerbaren Maximen ausrichtet (Rousseau 2000[1726]; Kant 2017[1786]), wenn sie vor äußerem

---

4   In der üblichen deutschen Übersetzung dieses Verses geht der Begriff ›Autonomie‹ verloren; ›autonomía‹ wird mit »nach eignem Gesetz« (Sophokles 1996: 38) ins Deutsche übertragen (vgl. Ritter, Gründer & Gabriel 2007: 2407).

Zwang, Bevormundung und Willkür geschützt ist (Hobbes 2006[1651]; Hayek 2005[1960]; Nozick 2013[1974]), wenn sie politische Mitbestimmungsrechte erlangt hat und die sozialen und materiellen Ressourcen für eine selbstbestimmte Lebensführung besitzt (Marshall 2000[1949]; Vobruba 2009), oder wenn sie sich mit ihren eigenen Bedürfnissen, Neigungen und Wünschen authentisch in der Welt verwirklichen kann (Herder 2013[1820]; vgl. Taylor 1992b: 27ff.; Rosa 2010: 202f.).

Auch in den gegenwärtigen philosophischen, sozialwissenschaftlichen, politischen, ethischen, theologischen oder juristischen Debatten wird unter Autonomie höchst Unterschiedliches verstanden (siehe zur Übersicht bspw. Krähnke 2007: 32ff.; Lang & Ulrichs 2013). Die Fragen, welche Institutionen des Selbst oder der Gesellschaft die Subjekte zur Selbstbestimmung befähigen, durch was die Autonomiespielräume des Einzelnen begrenzt werden sollten, was ›wirkliche‹ Autonomie ausmacht, und auf welche Weise persönliche Autonomie denkbar ist, ohne auf die Vorstellung des unabhängigen, sich selbsttransparenten cartesianischen Subjekts zurückgreifen zu müssen, werden auf ganz unterschiedliche Weise beantwortet. Autonomie und Selbstbestimmung sind also ›schillernde Begriffe‹ (Seidel 2011), die aufgrund ihrer Unbestimmtheit in verschiedenen Kontexten mit spezifischen Bedeutungsgehalten aufgeladen werden können.

Nicht zuletzt weil die Begriffe der Autonomie und Selbstbestimmung unscharf sind und mit unterschiedlichen Inhalten besetzt wurden, konnten sie als normativer Bezugspunkt einer Vielzahl politischer Auseinandersetzungen ganz unterschiedliche gesellschaftliche Selbstverständigungsprozesse prägen: Zunächst hat der Anspruch auf Selbstbestimmung die politischen Kämpfe im 19. Jahrhundert um die Durchsetzung von bürgerlichen Freiheits- und Abwehrrechten geleitet (vgl. Rosa 2010: 202). Später spielten die Ansprüche auf Selbstverwirklichung und Selbstbestimmung eine zentrale Rolle in der von den sozialen Bewegungen der 1970er Jahre formulierten ›Künstlerkritik‹, die sich gegen die Unterdrückung von Eigenverantwortungs-, Kreativitäts- und Authentizitätspotenzialen innerhalb der hierarchisch organisierten Arbeitswelt und autoritären sozialen Arrangements wendete (vgl. Boltanski & Chiapello 2013: 215ff.).

Gegenwärtig nimmt der Selbstbestimmungsbegriff eine zentrale Position ein in einer Vielzahl gesellschaftspolitischer Debatten wie etwa der Diskussion über das Recht auf reproduktive Selbstbestimmung und Schwangerschaftsabbruch, dem Streit um das Recht auf Selbstbestimmung am Lebensende und Sterbehilfe, oder der Auseinandersetzung um informationelle Selbstbestimmung und Datenschutz (vgl. Krähnke 2007: 70ff.). Auch für die Debatte um Reformen und Wandel des Sozialstaates war und ist die Frage nach den individuellen Autonomiespielräumen von entscheidender Bedeutung: Während einige Autoren zunehmende ›Autonomiegewinne‹ im Zuge der Entwicklung des modernen Sozialstaates beobachten (bspw. Goodin 1982; Vobruba 2009: 121ff.), problematisieren andere Theoretiker wohlfahrtstaatliche Institutionen als ›ungerecht‹, bevormundend und autonomieeinschränkend (bspw. Hayek 2005: 398; Schelsky 1976: 19).[5] Im Zuge des gegenwärtigen ›neosozialen‹ Umbaus des Sozialstaates (Lessenich 2008: 72ff.) wird nun wiederum beobachtet, wie die im Kontext der Hartz-IV-Reformen eingeführten sozialpolitischen Aktivierungsmaßnahmen und Sanktionen die soziale Existenzsicherung von Leistungsempfänger/innen und die Voraussetzungen individueller Autonomiespielräume bedrohen (vgl. Behrend 2008; Globisch 2012; Schreyer, Zahradnik & Götz 2012).

Die Idee der Selbstbestimmung spielt also, wie diese Beispiele zeigen, in ihren unterschiedlichen Wendungen eine zentrale Rolle in einer Vielzahl gesellschaftspolitischer Auseinandersetzungen, und hat sich, wie Uwe Krähnke (2007: 9ff.) folgert, zu einem handlungsleitenden und identitätsstiftenden Orientierungspunkt der Gegenwartsgesellschaft entwickelt (siehe ähnlich auch Habermas 1988: 391ff.; Taylor 1992b: 28; Rosa 2010: 199). Axel Honneth (2011: 35ff.) begreift in diesem Sinne Autonomie nicht nur als einen in besonderer Weise umstrittenen und umkämpften Begriff, sondern auch als den wirkmächtigsten normativen Bezugspunkt der Neuzeit:

> Unter all den ethischen Werten, die in der modernen Gesellschaft zur Herrschaft gelangt sind [...], war nur ein einziger dazu angetan, deren institutionelle Ordnung auch nachhaltig zu prägen: die Freiheit im Sinne der Autonomie des einzelnen. (ebd.: 35)

---

5   Lessenich (2008: 10ff.) zeigt überzeugend, dass beide Diagnosen zu kurz greifen, und Sozialpolitik gerade durch das ambivalente Zusammenspiel von Ermöglichung und Begrenzung, Befähigung und Bevormundung, Individualisierung und Normierung, Autonomiegewinn und Standardisierung gekennzeichnet ist.

2.2 Sechs Wendungen der Selbstbestimmungsidee

Ausgehend von der Einsicht, dass sich die Vorstellung individueller Selbstbestimmung als Grundversprechen und zentrale normative Leitidee der Moderne etabliert hat, ist es das Anliegen der Arbeit zu untersuchen, an welchen spezifischen Autonomievorstellungen sich Menschen in prekären Arbeits- und Lebenslagen im Alltag orientieren und wie sie gesellschaftliche Autonomieanforderungen und eigene Autonomieansprüche praktisch vermitteln. Für diese Vorhaben scheint es notwendig, zunächst die unterschiedlichen mit der Selbstbestimmungsidee verbundenen Bedeutungsgehalte begrifflich möglichst trennscharf zu differenzieren – und beispielsweise Autonomie im Sinne des Imperativs, das eigene Handeln entsprechend selbstgesetzter, vernünftig begründbarer Normen auszurichten, begrifflich von der Selbstbestimmung im Sinne authentischer Selbstverwirklichung zu unterscheiden. Um ein terminologisches Werkzeug für die empirische Untersuchung und zeitdiagnostische Diskussion der Bedeutung von Autonomie in der Gegenwartsgesellschaft zur Verfügung zu haben, sollen deswegen im Folgenden unterschiedliche Bedeutungsgehalte der Selbstbestimmungsidee rekonstruiert und voneinander abgegrenzt werden.[6]

Die Begriffsrekonstruktion kann dabei auf einige neuere sozialphilosophische und soziologische Vorschläge zur terminologischen Unterscheidung der verschiedenen Schichten und Wendungen der Idee der Selbstbestimmung zurückgreifen: So argumentiert Isaiah Berlin (1992), dass sich ideengeschichtlich grundlegend zwischen einem negativen und einem positiven Freiheits- bzw. Autonomiebegriff unterscheiden lässt. Raymond Geuss (1995) kennt neben dem negativen Freiheitsbegriff fünf Dimensionen positiver Freiheit und schlägt vor, Freiheit im Sinne von a) Autonomie, b) Selbstbeherrschung, c) Macht, d) Authentizität, und e) Selbstverwirklichung zu unterscheiden. Thomas Hill (1995: 43ff.) identifiziert erstens moralische Selbst-

---

6 Dabei versteht sich, dass die Darstellung im Rahmen dieser Arbeit den komplexen begriffsgeschichtlichen Debatten und den philosophischen Voraussetzungen der unterschiedlichen Autonomiekonzepte nicht gerecht werden kann. Es ist nicht das Anliegen der Arbeit, die Ideengeschichte der Autonomiebegriffe aus geschichtsphilosophischer, sozialgeschichtlicher oder philologischer Perspektive hinreichend aufzuarbeiten (dazu bspw. Krähnke 2007: 19ff.), oder den Debatten über die Plausibilität bestimmter Autonomievorstellungen gerecht zu werden (dazu bspw. Oshana 1998; Honneth 1993: 149ff.).

gesetzgebung, zweitens negative Freiheit und drittens persönliche Autonomie als die zentralen Bedeutungsgehalte der Selbstbestimmungsidee (vgl. auch Honneth 1993). Rainer Forst (2009) unterscheidet mit ethischer Autonomie, moralischer Autonomie, legaler Autonomie, politischer Autonomie und sozialer Autonomie fünf Facetten der Selbstbestimmungsidee. Honneth (2011: 44ff.) rekonstruiert ein negatives, ein reflexives und ein soziales Modell der Freiheit. Im Rahmen des Jenaer DFG-Forschungsprojekts ›Handlungsautonomie in der Spätmoderne – subjektiver Anspruch, institutionelle Basis und strukturelle Dynamik einer normativen Leitidee‹ haben Jörg Oberthür und André Stiegler auf Grundlage einer inhaltsanalytischen Untersuchung mit negativer Freiheit, moralischer Vernunft, ethischer Autonomie, Reflexivität, Kreativität und Eigenverantwortung sechs unterschiedliche in philosophischen Debatten und öffentlichen Diskursen auftauchende Autonomiekonzepte identifiziert (vgl. Stiegler 2015).

Der folgende Systematisierungsversuch knüpft an diese Differenzierungsvorschläge an und unterscheidet sechs – teils miteinander konkurrierende, sich teils aber auch ergänzende oder einander voraussetzende – Bedeutungsgehalte der Selbstbestimmungsidee: Skizziert werden im Folgenden erstens die Idee der ›ethischen Autonomie‹ im Sinne einer selbstbestimmten Lebensführung (Kapitel 2.2.1), zweitens der Begriff der ›moralischen Autonomie‹ im Sinne moralischer Selbstgesetzgebung (Kapitel 2.2.2), drittens die Idee der ›Privatautonomie‹ im Sinne negativer Freiheit (Kapitel 2.2.3), viertens das Konzept der ›sozialen Autonomie‹ im Sinne des Schutzes vor existenzieller Not (Kapitel 2.2.4), fünftens der Ansatz der ›politischen Autonomie‹ im Sinne politischer Gestaltungsmöglichkeiten (Kapitel 2.2.5), und zuletzt das den gegenwärtigen sozialpolitischen Diskurs dominierende Begriffspaar ›Selbstaktivierung‹ und ›Eigenverantwortung‹ (Kapitel 2.2.6). Den ideengeschichtlichen Teil der Arbeit abschließend werden die Kerngehalte der rekonstruierten Facetten der Selbstbestimmungsidee zusammengefasst (Kapitel 2.2.7).[7]

---

7 Der Differenzierungsversuch schließt an die Überlegungen von Forst (2009) an. Die von ihm identifizierten fünf Bedeutungsgehalte von Autonomie werden übernommen und von der Idee der ›Eigenverantwortung‹ als sechster Autonomiefacette ergänzt.

2.2.1 Ethische Autonomie

Im Zuge der europäischen Aufklärung hat sich der Anspruch herausgebildet, dass der einzelne Mensch ein Leben entsprechend seiner Wünsche, Neigungen, Werte und Orientierungen führen und seine Persönlichkeit in der Welt entfalten kann (vgl. Rosa 2010: 199ff.). In diesem Sinne verweist die Idee personaler bzw. ethischer Autonomie[8] grundlegend auf die Vorstellung, dass Individuen selbst bestimmen können, wer sie sein und wie sie leben möchten (vgl. Rosa 2009b: 39), und zielt dabei konkret auf Selbstbestimmung

> in materiellen, kulturellen und instrumentellen Belangen, d.h. im Hinblick auf Beruf, Partnerschaft und Familie ebenso wie in Fragen des Wohnorts, des Glaubens, der politischen Orientierung, [...] der Bildung, [...] der Kleidung oder des ästhetischen Geschmacks. (Rosa 2010: 201)

Der Anspruch, selbst über das eigene Leben und Handeln entscheiden zu können, stellt die Einzelnen jedoch vor die Herausforderung, eine Vorstellung der ›richtigen‹ Art der Lebensführung und ein Bild der eigenen Zukunft zu entwickeln. Denn wenn es nicht mehr die Religion, Konventionen, die Natur oder andere äußere Autoritäten sein können oder sollen, die den Maßstab des gelungenen Lebens bestimmen, ist der Einzelne auf sich selbst zurückgeworfen und steht vor der Aufgabe, eine eigene Antwort auf die Frage nach dem ›guten Leben‹, den bedeutungsvollen Werten und den individuellen Lebenszielen zu finden (vgl. Taylor 1992b: 25ff.; Forst 2009: 232; Rosa 2010: 202). Weil die Richtung der individuellen Lebensgestaltung nach der Entlassung aus den alten feudalen Abhängigkeitsstrukturen prinzipiell offen ist, stehen die Individuen vor einem ›ethischen Orientierungsproblem‹ (vgl. ebd.).

Es ist deswegen kein Zufall, dass der im 18. Jahrhundert etablierte, inhaltlich unbestimmte Anspruch ethischer Autonomie im 19. Jahrhundert ergänzt wurde durch Vorstellung der ›authentischen Selbstverwirklichung‹ (vgl. ebd.). Das unter anderem von Johann Gottfried Herder (2013[1820]) formulierte Ideal der äußerlichen Verwirklichung eines inneren, einzigartigen Wesenskerns entwickelte sich zum

---

8   Die Begriffe der ›ethischen‹ und ›personalen Autonomie‹ werden in den (sozial-) philosophischen Debatten in ähnlicher Weise verwandt und im Folgenden synonym genutzt.

Kriterium für die richtige Art und Weise der selbstbestimmten Lebensgestaltung (vgl. Taylor 1992b: 28; Rosa 2010: 202f.). Denn jeder Mensch habe, mit Herder (2013: 282) gesprochen, »ein eigenes Maß, gleichsam eine eigne Stimme« die ihn von anderen Menschen unterscheide. Dem Authentizitätsgedanken folgend kommt es dann nicht nur darauf an, ob Individuen unter bestimmten politischen und gesellschaftlichen Bedingungen in der Lage sind, ihre Leben selbst zu gestalten, vielmehr ist auch und vor allem von Bedeutung, die eigenen Lebensentscheidungen gemäß den eigenen Bedürfnissen und Wünschen zu treffen (vgl. Rosa 2010: 203). Nur derjenige ist dieser Vorstellung entsprechend wirklich frei und selbstbestimmt, »der tut was er wirklich tun will, d.h. der aus einem *echten, eigentlichen* oder *wirklichen* Wunsch handelt« (Geuss 1995: 6, Herv. N. P.).

Um nun in diesem Sinne ein authentisch-autonomes Leben führen zu können, ist der Einzelne gefordert, sich selbst zu erkunden, sprich sich auf die Suche nach den inneren Neigungen, Veranlagungen und Sehnsüchten zu begeben. »Um zu wissen, was sie (wirklich) *wollen*, müssen sie herausfinden, *wer (und wie) sie sind*« (Rosa 2010: 203, Herv. i. O.). Ethische Autonomie in Verbindung mit authentischer Selbstverwirklichung setzt also Selbsterforschung und die Kenntnis über die eigenen ›wahren‹ Bedürfnisse und Wünsche voraus, und zielt auf die Möglichkeit, die eigene Originalität entfalten und das eigene »Handeln als Vollzug authentischer Freiheit« erleben zu können (Honneth 2011: 66; vgl. auch Taylor 1992b: 28f.; Parthe 2011: 21).

Mit der Idee authentischer Selbstverwirklichung ist demnach die Annahme verbunden, dass jedes Individuum eine einzigartige, unverwechselbare Persönlichkeit besitzt, die es nur aus sich heraus entwickeln könne. Diese Vorstellung einer inneren, sich in der Welt verwirklichenden Persönlichkeit ist jedoch umstritten, impliziert sie doch die problematische Idee eines dem Gesellschaftlichen vorgängigen Selbst, dass sich entsprechend seiner Bestimmung in der Welt verwirklichen oder aber diese verfehlen kann (vgl. Jaeggi 2005: 64ff.; Schramme 2011: 883).[9] Demgegenüber lässt sich argumentieren, dass

---

9   Alessandro Ferrara (1998) macht darauf aufmerksam, dass das ›authentische Selbst‹ nicht zwangsläufig als natürlich Vorhandenes, sondern durchaus auch als ein gesellschaftlich Gewordenes gedacht werden kann (vgl. Rosa 2010: 204). Im Sinne terminologischer Trennschärfe sollen jedoch in dieser Arbeit unter dem Konzept ›authentischer Selbstverwirklichung‹ ausschließlich solche Vorstellungen gefasst werden, die auf einen inneren, ›wahren‹ Wesenskern des Selbst re-

sich menschliche Subjektivität prozesshaft in Auseinandersetzung mit der Umwelt bildet und kein vorgängiges, authentisches Selbst jenseits seiner sozialen Beziehungen, seiner Interaktionen und seiner praktischen Verwirklichung denkbar ist (vgl. Oshana 1998: 84ff.; Jaeggi 2005: 65f.; Honneth 2011: 70). In der philosophischen Debatte herrscht deswegen Einigkeit, dass Selbstbestimmung nicht in überzeugender Weise im Sinne der authentischen Selbstverwirklichung eines vor-sozialen Selbst gedacht werden kann (vgl. Esser 2011: 875).

Die mit dem Anspruch auf ethische Autonomie aufgeworfene Frage nach der richtigen Weise der Lebensführung muss jedoch nicht notwendigerweise mittels des Rückgriffs auf die Vorstellung eines ›inneren Wesenskerns‹ und der Suche nach authentischer Selbstverwirklichung gelöst werden. Vielmehr lässt sich die Idee der ethischen Autonomie auch in Anschluss an Harry Frankfurt (1971) im Sinne ›voluntaristischer Selbstformung‹ denken (vgl. Schramme 2011: 885). Frankfurt unterscheidet unmittelbare Neigungen, Sehnsüchte und Präferenzen (›Wünsche erster Ordnung‹) von dem Wunsch, bestimmte Wünsche zu haben oder nicht zu haben (›Wünsche zweiter Ordnung‹). Willens- und Handlungsfreiheit entstehen Frankfurt folgend nun genau auf der Ebene der Wünsche zweiter Ordnung, und sind an die Fähigkeit und Möglichkeit der/des Einzelnen gebunden, selbst zu entscheiden, mit welchen Wünschen erster Ordnung sie/er sich identifiziert (Frankfurt 1971; vgl. Anderson 1994: 97ff.; Honneth 2011: 71f.; Parthe 2011: 48f.).[10]

So gewendet gelten die eigenen Wünsche und Ziele nicht als feststehender Referenzpunkt eines selbstbestimmten Lebens. Vielmehr ist ethische Autonomie gerade an einen reflexiven Selbstbezug geknüpft,

---

kurrieren. Ferrara´s Ansatz ›reflexiver Authentizität‹ wäre in der Terminologie dieser Arbeit dann eher unter dem Begriff voluntaristische/reflexive Selbstformung zu fassen.

10 Dass auch die ›Wünsche zweiter Ordnung‹ Wünsche sind, die wiederum Gegenstand einer Selbstreflexion auf der ›Ebene dritter Ordnung‹ werden können, und deswegen in Frankfurts Ansatz ein unendlicher Regress angelegt ist, wurde in der Literatur ausführlich diskutiert (vgl. bspw. Anderson 1994: 99ff; Schramme 2011: 887; Parthe 2011: 50ff.). Da es an dieser Stelle jedoch nur Ziel war, die begriffliche Unterscheidung einzuführen zwischen einer auf ein ›wahres‹ Selbst rekurrierenden Vorstellung authentischer Selbstverwirklichung auf der einen Seite, und der Idee voluntaristischer Selbstformung im Modus des reflexiven Selbstbezugs auf der anderen Seite, wird dieser Debatte an dieser Stelle nicht weiter nachgegangen.

also an die Fähigkeit und Möglichkeit gebunden, die eigenen Bedürfnisse und Orientierungen hinterfragen und modifizieren zu können. Während ethische Autonomie auf der Ebene erster Ordnung auf die authentische Verwirklichung der eigenen Persönlichkeit zielt, hebt ethische Autonomie auf der Ebene zweiter Ordnung im Sinne voluntaristischer Selbstformung also gerade darauf ab, sich zwischen divergierenden oder sogar widersprüchlichen Sehnsüchten und Selbstkonzepten entscheiden und das eigene Selbst bewusst modellieren bzw. kreativ selbst formen zu können (vgl. Forst 2009: 233; Schramme 2011: 885). Ethisch autonom in dieser Wendung ist dann nicht, wer seine vorausgesetzte Persönlichkeit verwirklicht, sondern wer sich im reflexiven Selbstbezug mit den eigenen Wünschen und Sehnsüchten identifiziert, und sich darüber hinaus als »author of his own personalty« begreifen kann (Benn 1996: 155; vgl. Jaeggi 2005: 240ff.). Selbstbestimmung im Sinne voluntaristischer Selbstformung heißt also, »sein *gewähltes* Selbst zu verwirklichen« (Schramme 2011: 885; Herv. N. P.).

Gegen das Modell einer an die subjektive Reflexionsfähigkeit gebundenen personalen Selbstbestimmung lässt sich jedoch wiederum einwenden, dass es zwar den Ausgangspunkt der subjektiven Autonomiefähigkeit entsubstantiviert, jedoch der sozialen Bedingtheit jeglicher Subjektivität und Autonomie nicht ausreichend Rechnung trägt, und deswegen im Rahmen eines ›internistischen‹ Autonomieverständnisses gefangen bleibt (vgl. Oshana 1998: 89ff.). Feministische Autorinnen wie Marianna Oshana, Catriona Mackenzie und Marylin Friedman lenken vor dem Hintergrund dieser Kritik den Blick auf die soziale Bedingtheit subjektiver Wünsche und Orientierungen und plädieren für einen relationalen Autonomiebegriff, der die Sozialisation und die sozialen Beziehungen als konstitutiv für die individuelle Autonomiefähigkeit einbezieht (siehe beispielsweise die Beiträge im Sammelband Mackenzie & Stoljar 2000; sowie Friedman 2003: 81ff.; Christman 2011: 164ff.). So argumentiert beispielsweise Oshana (1998: 93f.), dass ethische Autonomie nicht nur individuelle Reflexionsfähigkeit voraussetzt, sondern auch auf die Existenz praktischer Handlungsspielräume, den Schutz vor Repression und Manipulationen sowie tragende soziale Beziehungen angewiesen ist. Der Ansatz ›relationaler Autonomie‹ fokussiert in diesem Sinne auf die gesellschaftlichen Rahmenbedingungen und sozialen Beziehungen als notwendige Voraussetzungen für die Entwicklung von personaler Autonomie.

Auch Joel Anderson und Axel Honneth (2009) stellen in ihren Überlegungen zu einem ›anerkennungstheoretischen Modell der Autonomie‹ die sozialen Beziehungen in den Mittelpunkt der Frage nach der Möglichkeit personaler Selbstbestimmung. Sie argumentieren, dass die Möglichkeiten einer autonomen Lebensführung an Beziehungen gegenseitiger Anerkennung geknüpft sind. Konkret nennen sie rechtlich-institutionalisierte Beziehungen (die die Würde des Einzelnen respektieren), persönliche Freundschafts- und Liebesbeziehungen (die das Selbstvertrauen des Einzelnen unterstützen), sowie solidarische Netzwerke (die das Selbstwertgefühl des Einzelnen stützen) als Voraussetzungen persönlicher Selbstbestimmung (vgl. ebd.: 131ff.; siehe ausführlich Honneth 2011: 233ff.). Zentrales Argument ihrer Überlegungen ist, »that full autonomy – the real and effective capacity to develop and pursue one's own conception of a worthwhile life – is achievable only under socially supportive conditions« (Anderson & Honneth 2009: 130).

Im Gegensatz zu der essentialisierenden Vorstellung authentischer Selbstverwirklichung und dem individualistischen Ansatz voluntaristischer Selbstformung, tragen sowohl das anerkennungstheoretisch fundierte, als auch die aus feministischer Perspektive entwickelten relationalen Konzepte personaler Autonomie der sozialen Bedingtheit von Subjektivität Rechnung. Auf diese Weise ermöglichen es diese Ansätze, die individuellen Autonomiemöglichkeiten und -fähigkeiten in ihrer Abhängigkeit von sozialen Beziehungen sowie ökonomischen, kulturellen und politischen Rahmenbedingungen zu betrachten.[11]

Zusammenfassend lässt sich festhalten, dass mit der Vorstellung ethischer Autonomie der grundlegende Anspruch verbunden ist, eigene Lebensziele entwickeln und praktisch verfolgen zu können. Die Frage nach dem *Wie* der selbstbestimmten Lebensführung lässt sich entweder erstens im Rekurs auf die Idee eines authentischen, sich in der Welt verwirklichenden Selbst beantworten (authentische Selbstverwirklichung), oder zweitens im Sinne voluntaristischer oder reflexiver Selbstformung an die Möglichkeit und Fähigkeit der Einzelnen binden, sich reflexiv auf die eigenen Wünsche und Orientierungen zu

---

11 Auch wenn der Ansatz relationaler Autonomie hier als Variante personaler Autonomie vorgestellt wurde, lässt er sich genaugenommen als Zusammenführung unterschiedlicher – noch unten zu diskutierender – Autonomiefacetten verstehen und macht auf die wechselseitige Bedingtheit der verschiedenen Formen von Autonomie aufmerksam.

beziehen und Verantwortung für die Entwicklung der eigenen Persönlichkeit zu übernehmen, oder drittens im Sinne relationaler Autonomie in Abhängigkeit von sozioökonomischen Rahmenbedingungen und sozialen Beziehungen denken.

2.2.2 Moralische Autonomie

Die bislang diskutierten Modelle ethischer Autonomie zielen auf die Frage nach den Möglichkeiten und Voraussetzungen einer individuell selbstbestimmten Lebensführung. Mit der mit dem Denken Jean Jaques Rousseau (2000[1726]) verbundenen und von Immanuel Kant[12] (2017[1786]) weiter entwickelten Idee der ›moralischen Selbstgesetzgebung‹ ist nun insofern ein grundlegend anderes Autonomieverständnis verbunden, als dass in dieser Wendung die Freiheit des Einzelnen mit der Verbindlichkeit vernünftig begründbarer Normen zusammengedacht wird. Während der Anspruch ethischer Autonomie auf das individuell Gute zielt, hebt die Idee der moralischen Autonomie auf das allgemein Gute ab (vgl. Parthe 2011: 16).

Autonomie in diesem moralphilosophischen Sinne ist damit in erster Linie nicht an die Existenz eines möglichst großen Handlungsspielraumes oder die alltagspraktische Verwirklichung individueller Vorstellungen eines gelungenen Lebens gebunden, vielmehr wird eine Person als autonom angesehen, wenn es ihr gelingt, sich allgemeine moralische Prinzipien zu eigen zu machen und sich praktisch unbedingt an diesen Maximen zu orientieren (vgl. Brandon 2011: 62; Khurana 2011: 10). Freiheit besteht, wie Rousseau (2000: 32f.) es formulierte, im »Gehorsam dem Gesetz gegenüber, das man sich selbst gegeben hat«.

Kant nahm diesen Gedanken in der ›Grundlegung zur Metaphysik der Sitten‹ (2017[1786]) auf und leitet die Verknüpfung von autonomem und moralischem Handeln aus der Vernunftgebundenheit des freien Willens ab: So bestimmt Kant den autonomen, freien Willen als das Vermögen des Menschen, »nur dasjenige zu wählen, was die Vernunft unabhängig von der Neigung als praktisch notwendig, d.i.

---

12 Auf die Differenzen zwischen Rousseaus Begriff moralischer Selbstgesetzgebung und Kants konzeptioneller Neufassung kann an dieser Stelle ebenso wenig eingegangen werden, wie auf die soziale Situierung dieses Autonomiebegriffs in Georg Wilhelm Friedrich Hegels ›Theorie der Sittlichkeit‹ (siehe bspw. Brandon 2011; Honneth 2011: 82ff.).

als gut erkennt« (ebd.: 42).[13] Die Freiheit des Menschen besteht demnach darin, dass er in der Lage ist, sein Handeln nicht im Sinne einfacher Wahlfreiheit an spontanen Wünschen, Bedürfnissen und Neigungen auszurichten, sondern stattdessen fähig ist, von der Sinnlichkeit zu abstrahieren, sich qua Vernunft eine Vorstellung vom Allgemeinen zu machen, und schließlich sein Handeln *willentlich* an der unbedingten Verbindlichkeit der allgemeinen Prinzipien auszurichten (vgl. Pinkard 2011: 27ff.; Rödl 2011: 96ff.).»Das Prinzip der Autonomie ist also: nichts anders zu wählen als so, daß die Maximen seiner freien Wahl in demselben Wollen zugleich als allgemeines Gesetz mit begriffen seien.« (Kant 2017: 80) Weil die vernunftgeleitete Einsicht in die Verbindlichkeit und Notwendigkeit des allgemeinen Gesetzes den Einzelnen in die Pflicht nimmt, entsprechend diesem zu handeln, kann Kant den autonomen, ›freien Willen‹ und den »Wille[n] unter sittlichen Gesetzen« (ebd.: 89) als ein und dasselbe verstehen.

Entscheidend ist dabei, dass die autonome Person sich nicht nur äußeren Gesetzen unterwirft oder sich Handlungsmaximen auferlegen lässt, sondern sich die Handlungsmaximen im Schritt der Einsicht in ihre Notwendigkeit, Vernünftigkeit und normative Verbindlichkeit zu eigen macht und dann als *sich selbst gegeben* betrachten kann:

> Der Wille wird als nicht lediglich dem Gesetzte unterworfen, sondern so unterworfen, daß er auch als selbstgesetzgebend, und eben um deswillen allererst dem Gesetze (davon er sich selbst als Urheber betrachten kann) unterworfen, angesehen werden muss. (ebd.: 68)[14]

---

13 Der autonome Wille »ist demnach nichts anders als praktische Vernunft« (Kant 2017: 42).

14 Mit der Idee der moralischen Selbstgesetzgebung ist damit eine philosophisch viel diskutierte, nicht ohne weiteres auflösbare Paradoxie verbunden. Denn wenn Autonomie im Handeln entsprechend dem selbstgegebenen Gesetz besteht, stellt sich die Frage, wie das Gesetz Verbindlichkeit für den/die Einzelne gewinnen kann, wie also der Moment der Selbstgesetzgebung gedacht werden kann. Dabei scheint es nur die Möglichkeiten zu geben, dass entweder das Gesetz dem Subjekt durch eine äußere Autorität schon vorgegeben ist (äußere Heteronomie), oder aber die Selbstgesetzgebung eine spontane Entscheidung des Subjekts ohne vernünftigen Grund ist (innere Heteronomie) – beides widerspricht der Idee der Autonomie im Sinne moralischer Vernunft (vgl. Menke 2011: 150ff.) Das ›kantische Paradox‹ besteht also darin, »dass bei der gesetzgebenden Auferlegung einer grundlegenden Maxime sowohl von uns gefordert ist, keinen vorhergehenden Grund zu haben, als auch ein solchen Grund zu haben« (Pinkard 2011: 48).

Weiterhin – und dies ist insbesondere zur Abgrenzung gegenüber des unten zu diskutierenden Konzepts der Eigenverantwortung (Kapitel 2.1.6) von Bedeutung – bestimmt Kant autonomes Handeln als einen Zweck an sich, das niemals Zweck für etwas anderes sein kann (vgl. ebd.: 81). Das autonome Handeln ist demnach ausschließlich durch die normative Kraft des allgemeinen Gesetzes motiviert und kann nicht im Dienst partikularer Interessen, der Verwirklichung spontaner Sehnsüchte oder auch der Aufrechterhaltung der gesellschaftlichen Ordnung gestellt sein (vgl. Pinkard 2011: 45). Es gilt deswegen von

> allem Gegenstande so fern [zu]abstrahieren, daß dieser gar keinen
> Einfluß auf den Willen habe, damit praktische Vernunft (Wille) nicht
> fremdes Interesse bloß administriere, sondern bloß ihr eigenes gebie-
> tendes Ansehen als oberste Gesetzgebung beweise. (Kant 2017: 82)

In Kants moralphilosophischen Autonomiebegriff werden also individuelle Freiheit und allgemeines Gesetz so zusammengeführt, dass »freies Wollen und verpflichtendes Sollen in eins« fallen (Menke 2011: 150). Autonomie im Sinne moralischer Gesetzgebung ist dabei an das Vermögen des Menschen gebunden, sich als vernunftfähiges Wesen eine Vorstellung allgemeiner Prinzipien zu machen, sich die allgemeinen Prinzipien durch die Einsicht in ihre Notwendigkeit und Verbindlichkeit zu eigen zu machen, und kraft praktischer Vernunft entsprechend der subjektiven Vorstellung des Allgemeinen, sprich entsprechend der selbstgesetzten Maximen zu handeln. Das autonome Handeln ist dabei dadurch bestimmt, dass es keinem äußeren Bestimmungsgrund folgt, sondern unbedingt und ausschließlich der Verbindlichkeit des Gesetzes selber verpflichtet ist. Autonomes Handeln in diesem moralphilosophischen Sinne besteht also darin, dass es nicht kausal durch innere Neigungen oder partikulare Interessen, sondern rational durch die Einsicht in vernünftige Gründe bestimmt ist (vgl. Honneth 2011: 177).

Das eigene Handeln unbedingt an vernünftig begründbaren, verallgemeinerbaren Maximen zu orientieren bietet nun – wie Honneth zeigt – dem/der Einzelnen die Möglichkeit, gesellschaftliche Anforderungen und Institutionen zurückzuweisen, »welche die Kriterien einer möglichen Zustimmung durch alle Betroffenen nicht erfüllen« (ebd.: 179). Unabhängig von der gesellschaftlichen Position hat demnach jedes moralische Person die Freiheit, Handlungsanweisungen auf ihre Rechtmäßigkeit zu überprüfen und sich gegen Ansprüche und Zustände zu Wehr zu setzen, »die den subjektiv durchgeführten Test der gesellschaftlichen Verallgemeinerbarkeit nicht bestehen« (ebd.: 180). Moralische Autonomie eröffnet dem/der Einzelnen die Chance, gegen soziale Zustände im Verweis auf ihre ›moralische Nichtverallgemeinerbarkeit‹ Widerstand zu leisten.

2.2.3 Privatautonomie

Während die Vorstellungen ethischer und moralischer Autonomie im positiven Sinne nach der Verwirklichung eines selbstbestimmten Lebens bzw. der Möglichkeit eines vernunftgeleiteten autonomen Handelns fragen, wird mit der Idee der ›Privatautonomie‹ die Abwesenheit äußerer Zwänge als ermöglichende Bedingung individueller Freiheit in den Vordergrund gestellt. Mit Berlin (1992) – die vorschlägt ideengeschichtlich grundlegend zwischen positiven und negativen Freiheitsbegriffen zu unterscheiden – lässt sich Privatautonomie im Sinne negativer Freiheit dabei als der Bereich begreifen,»within which the subject — a person or group of persons — is or should be left to do or be what he is able to do or be, without interference by other persons'« (ebd.: 121f.).

Den Kern dieses negativen Autonomieverständnisses brachte Thomas Hobbes (2006[1651]: 118) zum Ausdruck, wenn er formulierte:»Freiheit begreift ihrer ursprünglichen Bedeutung nach die Abwesenheit aller äußerlichen Hindernisse in sich.« Hobbes begreift damit schlicht denjenigen als frei, der»nicht daran gehindert ist, Dinge, die er auf Grund seiner Stärke und seines Verstandes tun kann, seinem Willen entsprechend auszuführen« (ebd. 163). Die Hobbes'sche Freiheitsidee zielt auf den Schutz der Einzelnen vor äußeren Zwängen (›Freiheit von‹); weil innere Hemmnisse wie psychische Belastungen, fehlendes Selbstvertrauen oder Angst demnach nicht als Einschränkung der Freiheit begriffen werden, kann die Abwesenheit externer Hindernisse in diesem minimalistischen Autonomieverständnis schon als hinreichende Bedingung von Freiheit erscheinen (vgl. kritisch Taylor 1992a: 121; Honneth 2011: 45f.).[15]

---

15 Auch Kant kannte diese negativen Form der Selbstbestimmung, und verwies in der ›Kritik der reinen Vernunft‹ auf Freiheit als»Unabhängigkeit von eines anderen nötigender Willkür« (Kant zit. n. Kaufmann 2013: 157). Für Kant ging Autonomie jedoch nicht in diesem negativen Freiheitsverständnis auf, vielmehr verstand er Willkürfreiheit als eine notwendige, aber nicht hinreichende Bedingung für Autonomie im Sinne der oben skizzierten moralischen Selbstgesetzgebung (vgl. Sichler 2005: 110f.).

Diese ausschließlich negative Bestimmung von Autonomie findet sich später beispielsweise wieder in dem Gesellschaftsentwurf des libertären Theoretikers Robert Nozick (2013[1974])[16], der individuelle Freiheit ausschließlich als Möglichkeit versteht, eigene Vorlieben und Absichten ungehindert äußerer Einschränkungen zu realisieren (vgl. Honneth 2011: 50f.). Im deutlichen Gegensatz zur Idee moralischer Selbstgesetzgebung – der nach (moralische) Autonomie es ja gerade erfordert, sich von den eigenen partikularen Neigungen und Bedürfnissen distanzieren zu können – begreift Nozick, wie Honneth zusammenfasst, alle »Lebensziele, so unverantwortlich, selbstdestruktiv oder idiosynkratisch sie auch sein mögen [...], als Zweck der Realisierung von Freiheit« (ebd.: 51). Ähnlich knüpft auch der konservativ-libertäre Ökonom Friedrich Hayek (2005[1960]) die Verwirklichung von Freiheit zuvorderst an die Möglichkeit des Einzelnen, eigene Interessen und Lebensziele verfolgen zu können, ohne dabei durch Andere eingeschränkt zu werden. Er versteht Freiheit als einen Zustand, in dem der »Zwang auf einige seitens anderer Menschen soweit abgemindert ist, als dies im Gesellschaftsleben möglich ist« (ebd.: 13).

Während die auf einem rein negativen Autonomieverständnis beruhenden Gesellschaftsentwürfe Gegenstand kontroverser philosophischer und politischer Debatten sind (siehe bspw. Taylor 1992a; Cooke 1993; Kaufmann 2013), ist die Idee negativer Freiheit in Form von rechtlich institutionalisierten Abwehrrechten fest in den modernen, liberalen Gesellschaften verankert. So herrscht Einigkeit darüber, dass jegliche Form individueller Freiheit es voraussetzt, dass der/die Einzelne rechtlichen Schutz vor willkürlichem Zwang und Bevormundung genießt (vgl. Honneth 2011: 129ff.). Die rechtlich institutionalisierte Privatautonomie bietet den Einzelnen eine verlässliche private Sphäre der Willkürfreiheit, einen »einklagbaren Schutzraum« (ebd.: 147), in der sie vor unerlaubten Eingriffen des Staates oder Dritter geschützt sind und sich zurückziehen können. Mit dem Prinzip der Privatautonomie ist zudem die Vorstellung verbunden, dass der/die Einzelne nur allgemeinen Rechtsnormen, nicht aber bestimmten ethischen Werten verpflichtet ist. Die rechtlich abgesicherte Privatauto-

---

16 Die Beschreibung von Nozicks Theorie als libertär ist genaugenommen missverständlich, steht doch seine markliberale Position im deutlichen Widerspruch zu linkslibertären und radikaldemokratischen Traditionen. Peter Niesen (2009: 70ff.) schlägt deswegen vor, Nozicks – und auch Hayeks – Denken präziser als ›libertarianisch‹ zu charakterisieren.

nomie bietet den Individuen negativ etwa den Spielraum, ihr Leben im Sinne ethischer Autonomie entsprechend ihrer eigenen Vorstellungen zu gestalten (vgl. Forst 2009: 234ff.).[17]

Es lässt sich festhalten, dass die Idee der Privatautonomie den Individuen verspricht einen – zumeist rechtlich abgegrenzten – Bereich gegen den Zugriff Dritter verteidigen und entsprechend ihrer eigenen ethischen Überzeugungen ohne äußere Eingriffe und Bevormundung leben zu können. Während sich Freiheit und Selbstbestimmung in ihren positiven Bedeutungen mit Taylor (1992a: 121) als ›Verwirklichungsbegriffe‹ bezeichnen lassen, die auf die tatsächliche Gestaltung des eigenen Lebens zielen, lassen sie sich in ihrer nun skizzierten negativen Wendung als ›Möglichkeitsbegriffe‹ verstehen, die schlicht auf die Existenz von individuellen Autonomiespielräumen abheben.

2.2.4 Soziale Autonomie

Entgegen der libertären Vorstellung, nach der Selbstbestimmung des Einzelnen im Sinne negativer Freiheit ausschließlich oder zumindest zu allererst an die Abwesenheit äußerer Zwänge und staatlicher Bevormundenden geknüpft sei, wurde von zahlreichen Autor/innen eingewandt, dass die Freiheitsspielräume in der bürgerlichen, kapitalistischen Gesellschaft konditional sind, da sie notwendigerweise soziale Sicherheit, materielle Ressourcen und verlässliche Planungshorizonte voraussetzen; und es wird darauf aufmerksam gemacht, dass soziale Unsicherheit die Möglichkeiten eines selbstbestimmten Lebens fundamental einschränkt (siehe dazu bspw. Waldron 1993; Urban 2004; Vobruba 2009; Kronauer & Schmid 2011).

---

17 Konkret hat sich der Anspruch auf rechtlich abgesicherten Schutz vor Bevormundung und willkürlichem Zwang im Sinne negativer Freiheit in den politischen Kämpfen um die Durchsetzung der bürgerlichen Freiheits- und Abwehrrechte wie der Glaubens-, Meinungs-, Vereinigungs-, Vertrags-, Versammlungs-, und Gewissensfreiheit ausgedrückt, die heute fest in den liberalen Rechtssystemen moderner Demokratien verankert sind (vgl. Rosa 2010: 202; Honneth 2011: 138). Gegenwärtig dokumentiert sich der Anspruch auf Privatautonomie beispielsweise in der Forderung auf informationelle Selbstbestimmung, die vor dem Hintergrund der Entwicklung neuer Kommunikationssysteme sowie verstärkter staatlicher Sicherheitsbestrebungen unter Druck gerät (vgl. Krähnke 2007: 74; Honneth 2011: 140), oder auch in dem Versuch, paternalistischer Bevormundung durch wohlfahrtsstaatliche Maßnahmen entgegenzutreten.

So zeigte schon Thomas Marshall (2000[1949]) in seinem klassischen Aufsatz ›Staatsbürgerrechte und soziale Klassen‹, dass bürgerliche Freiheitsrechte, politische Rechte und soziale Rechte gegenseitig aufeinander angewiesen sind. Er argumentiert, dass die sozialstaatliche Sicherung eines Mindestlebensstandards im Sinne materieller und soziokultureller Teilhabe notwendige Voraussetzung für die Verwirklichung von Freiheitsrechen ist (vgl. Butterwegge 2006: 412). In ähnlicher Weise hat auch Jeremy Waldron (1993) herausgearbeitet, wie sich die liberale Idee rechtlicher Freiheit erst mit der Institutionalisierung sozialer Rechte, die dem Einzelnen ein Mindestmaß an sozialer Sicherheit und materiellen Ressourcen garantieren, verwirklichen konnte (vgl. Honneth 2011: 143). Das Konzept der ›sozialen Autonomie‹ lenkt in dieser Stoßrichtung den Blick auf die institutionellen Bedingungen, die für die Entwicklung von Autonomiefähigkeiten und die Verwirklichung individueller Selbstbestimmung notwendig sind.[18]

Die Bedeutung sozialer Autonomie wurde insbesondere von Georg Vobruba (1992, 2009) hervorgehoben, der die ›autonomiesteigernden‹ Effekte‹ des modernen Wohlfahrtsstaats[19] herausgearbeitet hat. In seiner Rekonstruktion wohlfahrtsstaatlicher Entwicklung zeigt er, wie das Versprechen einer selbstbestimmten Lebensführung im 19. Jahr-

---

18 Auch das im Kapitel zur personalen Autonomie skizzierte Konzept relationaler Autonomie bezieht die gesellschaftlichen Rahmenbedingungen als konstitutiv für Autonomiemöglichkeiten ein und überschneidet sich dementsprechend mit dem Ansatz sozialer Autonomie. Während aber mit der Idee relationaler Autonomie nicht nur materielle Ressourcen, sondern vor allem auch tragende soziale Beziehungen als Voraussetzung für subjektive Autonomie betrachtet werden (vgl. Kapitel. 2.1.1), lenkt der Begriff der sozialen Autonomie den Blick zuvorderst auf die Bedeutung von sozialer Sicherheit und Erwartungssicherheit für die Entstehung individueller Autonomiespielräume. Zudem sind die Ansätze relationaler Autonomie zumindest implizit an der Frage eines gelingenden Lebens im Sinne personaler Autonomie interessiert; soziale Autonomie lässt sich demgegenüber auch – wie von Stiegler und Oberthür vorgeschlagen – schlicht als Abwesenheit existenzieller Not im Sinne negativer Freiheit denken (vgl. Stiegler 2015).

19 Während der Begriff ›Sozialstaat‹ eher im engerem Sinne die sozialpolitischen Gesetze, Einrichtungen und Programme bezeichnet, verweist der breiter angelegte Begriff ›Wohlfahrtsstaat‹ auf die Effekte und gesellschaftliche Bedeutung von Sozialpolitik (vgl. Lessenich 2008: 22f.). In der öffentlichen und internationalen wissenschaftlichen Debatte werden die Begriffe jedoch vielfach auch synonym genutzt, auf eine trennscharfe Unterscheidung wird, Lessenich folgend, in dieser Arbeit verzichtet.

hundert für einen Großteil der Bevölkerung zunächst praktisch uneinlösbar war. Freigesetzt aus traditionellen Bindungen, Abhängigkeiten
und Sicherheiten, fand sich der überwiegende Teil der Menschen
besitzlos in unsicheren Lebensverhältnissen wieder, die jegliche Form
selbstbestimmten Lebens verunmöglichten. All jene, die ihre Handlungsspielräume nicht über Privateigentum sichern konnten, erlangten
Autonomiespielräume erst durch die allmähliche Ausweitung wohlfahrtsstaatlicher Sicherungssysteme. Weil die wohlfahrtsstaatliche
Garantie der Existenzsicherung allgemeine Erwartungssicherheit
schafft, sind mit ihr Autonomiegewinne dabei auch für diejenigen
verbunden, die Sozialleistungen nicht unmittelbar in Anspruch nehmen. Der Ausbau sozialer Sicherheit in Form des Rechtsanspruchs auf
Transferleistungen hat also, wie Vobruba (2009: 122ff., 2014: 271)
folgert, eine ›gesellschaftliche Unbestimmtheitslücke‹ eröffnet, die den
Raum für selbstbestimmte Lebensführung erst ermöglicht hat.

Das Konzept der sozialen Autonomie stellt also – so lassen sich die
Überlegungen zusammenfassen – die gesellschaftlichen Bedingungen
der individuellen Selbstbestimmungsmöglichkeiten in den Vordergrund. Staatliche garantierte Existenzsicherung sowie die damit entstehenden verlässlichen Planungshorizonte werden als notwendige
Voraussetzungen für die Verwirklichung von individueller Freiheit
begriffen. Entgegen des libertären Arguments, dass Selbstbestimmung
zuvorderst durch den Schutz vor staatlichen Bevormundungen und
Interventionen in die Privatsphäre des Einzelnen zu erreichen sei, lässt
sich im Sinne Vobrubas Soziologisierung des Autonomiebegriffs
argumentieren, dass sich »die Freiheitsversprechen der bürgerlichen
Gesellschaft nur auf der Grundlage von sozialer Sicherheit einlösen
lassen« (Vobruba 2009: 139).

2.2.5 Politische Autonomie

Wie die Überlegungen zur relationalen und sozialen Autonomie gezeigt haben, ist die Autonomie des Einzelnen in hohem Maße abhängig von den sozialen, politischen und ökonomischen Verhältnissen. Es
liegt deswegen nahe, die Verwirklichung von persönlicher Autonomie
an die Möglichkeit der Individuen zu knüpfen, die gesellschaftlichen
und politischen Rahmenbedingungen mitzugestalten. Weil eine Person
nur dann als selbstbestimmt angesehen werden kann, wenn sie auch
die Strukturbedingungen beeinflussen kann, unter denen sie ihren
Lebenszielen nachgeht, scheint individuelle Autonomie notwendig auf

eine »Konzeption kollektiver, politischer Autonomie« angewiesen zu sein (Rosa 2009b: 39).

In dieser Stoßrichtung begreift Jürgen Habermas (1998: 109ff.) in seinen rechtstheoretischen Überlegungen zur deliberativen Demokratie[20] die Teilhabemöglichkeit an öffentlichen Debatten und politischen Entscheidungsprozessen als notwendige Voraussetzung für die Verwirklichung personaler Autonomie. Habermas folgend können die negativen Rechte, die »individuelle Handlungsspielräume schützen, indem sie einklagbare Ansprüche auf die Unterlassung von unerlaubten Interventionen in Freiheit, Leben und Eigentum begründen« (vgl. ebd.: 112), erst dann als individuelle Autonomie ermöglichende liberale Abwehrrechte verstanden werden, wenn sie durch das staatsbürgerliche Recht auf »chancengleiche Teilnahme an Prozessen der Meinungs- und Willensbildung« (ebd.: 156) ergänzt werden. Denn erst wenn die Bürger durch dieses Staatsbürgerrecht legitimes Recht mit setzen und damit politische Autonomie ausüben können, bietet das negative Recht auf Willkürfreiheit nicht nur den einklagbaren (horizontalen) Schutz vor Übergriffen anderer Individuen, sondern ermöglicht auch die (vertikale) Abwehr von Eingriffen der ›organisierten Staatsgewalt‹ (vgl. ebd.: 156ff.). Autonomie erlangen die Subjekte also erst dadurch, »daß sie sich zugleich als Autoren der Rechte verstehen und betätigen, denen sie sich als Adressaten unterwerfen wollen« (ebd.: 160).[21]

Rechtlich abgesicherte Privatautonomie und politische Autonomie sind demnach in der Idee verbunden, dass jede/r Einzelne sowohl als

---

20 Habermas (1998) entwickelt das Politikmodell der deliberativen Demokratie in Abgrenzung auf der einen Seite zum liberalen Demokratieverständnis – das den Fokus auf die negativen, die Privatautonomie des Einzelnen schützenden Abwehrrechte legt –, und auf der anderen Seite zum republikanischen Demokratieentwurf der, aus Sicht von Habermas, einseitig auf die politischen Teilnahmerechte fokussiert (vgl. Strecker & Schaal 2006: 110f.). Kernanliegen Habermas Ansatzes ist es, die Legitimität des demokratischen Rechtsstaates aus der Legalität der demokratischen Verfahren der Meinungs- und Willensbildung herzuleiten.

21 In ähnlicher Weise argumentiert auch Forst (2009: 236), dass die Verwirklichung politischer Autonomie es voraussetzt, dass die Gesetze, die die Privatautonomie des Einzelnen schützen, nach auf Reziprozität und Allgemeingültigkeit beruhenden Kriterien begründet und durch demokratische Gesetzgebungsprozesse verabschiedet werden, innerhalb derer die Ansprüche der betroffenen Subjekte artikuliert und beachtet werden können.

Adressat/in als auch als Autor/in der Gesetze begriffen wird. Während die Individuen sich dabei im Privaten durch das staatlich garantierte Recht auf Privatautonomie und soziale Sicherheit als – mit Honneth (2011: 144) gesprochen –»passive Nutznießer der Ihnen gewährten Freiheitsrechte« bewegen können, sind sie als Subjekte politischer Rechte gefordert,»von der Adressaten- in die Autorenrolle hinüber[zu]schlüpfen, die es ihnen erlaubt, an der kooperativen Gestaltung der zuvor nur [...] entgegengenommenen Rechte mitzuwirken«.

Da jedoch diese liberale Idee politische Autonomie strikt von der ethischen Konzeption eines ›richtigen‹ Lebens getrennt ist, kann die Teilnahme an politischen Entscheidungsprozessen, sprich die Inanspruchnahme der politischen Rechte und die Ausübung politischer Autonomie, nicht als ethische Verpflichtung angesehen werden (vgl. Habermas 1998: 164f.). Während es den Individuen also frei steht, von ihren politischen Partizipationsmöglichkeiten Gebrauch zu machen oder nicht, sind sie jedoch, wie Habermas argumentiert, in der »Wahl des Mediums, in dem sie ihre [politische] Autonomie verwirklichen können, nicht mehr frei« (ebd.: 160). Im Rahmen des demokratischen Rechtsstaat ist die ›Sprache‹, in der die Einzelnen politische Autonomie ausdrücken und ihre Ansprüche und Interessen in den Prozess kollektiver Selbstverständigung einbringen können, festgelegt:»Die Idee der Selbstgesetzgebung muß sich im Medium des Rechts selbst Geltung verschaffen.« (ebd.) Die Ansprüche auf politische Autonomie können also entsprechend dieses Demokratieverständnisses ausschließlich durch Partizipation in den »Meinungs- und Willensbildungsprozessen des Gesetzgebers« artikuliert werden (ebd.).

Während Habermas die Verwirklichung politischer Autonomie also in einem demokratisch-rechtsstaatlichen Rahmen situiert, ist in den in jüngerer Zeit vermehrt diskutierten Arbeiten von Cornelius Castoriadis ein Verständnis politischer Autonomie angelegt, das über die gegenwärtigen Institutionen der parlamentarischen Demokratie deutlich hinausweist (vgl. Fuchs 2001: 54).[22] Ausgehend von der Einsicht, dass die gesellschaftlichen Institutionen kontingent und veränderbar sind, knüpft Castoriadis die Autonomie der Individuen grundlegend an die

---

22 Siehe zur Gegenüberstellung von Castoridadis' radikaldemokratischem Verständnis politischer Autonomie und der Position von Habermas etwa die Überlegungen von Kalyvas (2001) sowie Joas und Knöbl (2011: 575f.).

tatsächliche und *praktische* Teilnahme an der politischen Selbstgesetzgebung, sowie an die Möglichkeit, die gesellschaftlichen Institutionen als Produkt der eigenen politischen Praxis erkennen zu können.
Weil Castoriadis nun Möglichkeitsbedingungen der gesellschaftlichen
Selbstsituierung durch die Verselbständigung hierarchisch-büro-
kratischer Apparate im demokratischen Kapitalismus untergraben
sieht, bindet er die Verwirklichung von Autonomie an die Überwin-
dung der kapitalistischen Institutionen und heteronomen Sozialver-
hältnisse, und plädiert für die kollektive Selbstorganisierung aller
Lebensbereiche in einer radikalen Demokratieform (Castoriadis 2006;
vgl. Wolf 1999: 107ff.; Gertenbach 2011: 279ff.). Sein radikaldemo-
kratisches Politikverständnis zielt auf den Bruch mit den herrschafts-
ausübenden Institutionen der gegenwärtigen Gesellschaft und eine
»Neuorganisation der Gesellschaft durch das autonome Handeln der
Menschen« (Castoriadis 1990: 32; vgl. Wieder 2016: 208).

Sowohl die liberale als auch die radikaldemokratische Konzeption
politischer Autonomie binden die Selbstbestimmung des Einzelnen
also an die Möglichkeit, die Bedingungen des gesellschaftlichen Zusammenlebens mitzugestalten. Politische Autonomie lässt sich demnach als eine Form positiver Freiheit begreifen, die es ermöglicht,
mittels politischer Beteiligung die Rahmenbedingungen des gesellschaftlichen Lebens mitzubestimmen. Während der Begriff politische
Autonomie nun bei Habermas an institutionalisierte Teilhabemöglichkeiten an öffentlichen Willensbildungs- und Gesetzgebungsprozessen
im Rahmen des demokratischen Rechtsstaat verweist, knüpft Castoriadis in seinem radikaldemokratischen Entwurf die Verwirklichung
von Autonomie an die praktische und gleiche ›Beteiligung aller an der
Macht‹ jenseits der demokratischen Institutionen des gegenwärtigen
Kapitalismus.

2.2.6 Eigenverantwortung

Mit dem beginnendem 21. Jahrhundert scheint die Idee der Selbstbestimmung in öffentlichen Debatten und insbesondere im sozialpolitischen Diskurs vor allem unter den programmatischen Wendungen der
›Selbstaktivierung‹ und ›Eigenverantwortung‹ aufzutauchen (vgl.
Urban 2004: 467; Nullmeier 2005; Bonoli 2010: 435). Während dabei
hinter der Aktivierungsidee die Vorstellung steht, dass jedes Subjekt
ein Entwicklungspotenzial besitzt, das es unabhängig von Umweltbe-
dingungen aus sich heraus selbst zur Entfaltung bringen kann (vgl.
Globisch 2012: 134), wird in dem Konzept der Eigenverantwortung

die persönliche Autonomie mit der Pflicht zur gemeinwohlorientierten Verantwortlichkeit verbunden (vgl. Lessenich 2008: 82f.). Die Stärkung von Selbstaktivierung und Eigenverantwortung spielt nun eine Schlüsselrolle in der sozialdemokratischen Programmatik des ›dritten Weges‹ (Schröder & Blair 1999) und dem (neosozialen) Umbau des deutschen Sozialstaates, der auf eine grundlegende Neujustierung des Beziehungsverhältnisses zwischen Individuum und Gesellschaft, zwischen sozialen Rechten und persönlichen Pflichten, zwischen staatlicher Daseinsvorsorge und individuellem Risikomanagement abzielt (vgl. Urban 2004: 468; Lessenich 2008: 82ff.).

Der Frage, auf welche spezifische Weise die Eigenverantwortungs- und Aktivierungsimperative in die Sozialpolitik des flexiblen Kapitalismus eingebettet und mit der Entgrenzung, Deregulierung, Flexibilisierung und Subjektivierung von Arbeit verschränkt sind, wird im anschließenden gesellschaftstheoretischen Teil der Arbeit genauer nachgegangen (Kapitel 3.1.1 und Kapitel 3.1.3). An dieser Stelle soll jedoch zumindest in Ansätzen schlaglichtartig der ideengeschichtliche Hintergrund dieser spezifischen semantischen Wendung der Selbstbestimmungsidee und ihr Verhältnis zu den bislang vorgestellten Autonomiebegriffen umrissen werden. Denn der Blick auf die ideologischen Vorläufer des Eigenverantwortungsparadigmas zeigt, dass die Konstruktion eigenverantwortlicher, d.h.»sich selbst wie auch der Gesellschaft verantwortlicher Subjekte« (Lessenich 2008: 82) nicht unbedingt schlicht als eine *Neuerfindung* zeitgenössischer Sozialpolitik zu begreifen ist. Vielmehr ist die Aufforderung zur gemeinwohlorientierten Verantwortungsübernahme und »gesellschaftsverpflichteten Selbstaktivierung« (ebd.: 77) eng mit dem traditionsreichen Subsidiaritätsgedanken aus der katholischen Soziallehre und der sittlichen Verpflichtung zur Gemeinwohlorientierung – wie sie etwa in der Weimarer Verfassung zu finden war – verbunden; die Semantik der (Selbst-)Aktivierung schließt wiederum implizit an die aristotelische Naturphilosophie an,»der zufolge auf naturgemäße Weise nur bewirkt werden kann, was im Objekt der Bewirkung bereits angelegt und potenziell enthalten ist« (Globisch 2012: 133).

Das aus der katholischen Soziallehre des 19. Jahrhunderts stammende Subsidiaritätsprinzip besagt, dass die jeweils übergeordneten staatlichen oder gesellschaftlichen Institutionen nur dann die jeweils kleinere Einheit kontrollieren oder unterstützen sollen, wenn diese unbedingt auf Hilfe angewiesen ist. Der einzelne Bürger ist – soweit möglich – zuallererst selbst für die Absicherung und Gestaltung der eigenen Existenz verantwortlich; was der Einzelne selber leisten kann, darf ihm gemäß dieses Subsidiaritätsgedankens nicht von der Gesellschaft bzw. sozialstaatlichen Institutionen abgenommen werden (vgl. Günther 2002: 119; Sauer & Kossens 2011: 106). Eine klassische Definition dieser Idee findet sich in der Sozialenzyklika von Papst Pius des XI aus dem Jahr 1931:

> [Wie] dasjenige, was der Einzelmensch aus eigener Initiative und mit seinen eigenen Kräften leisten kann, ihm nicht entzogen und der Gesellschaftstätigkeit zugewiesen werden darf, so verstößt es gegen die Gerechtigkeit, das, was die kleineren und untergeordneten Gemeinwesen leisten und zum guten Ende führen können, für die weitere und übergeordnete Gemeinschaft in Anspruch zu nehmen. (Papst Pius XI 1931: Absatz 79)

Doch nicht nur die Vorstellung, dass der Einzelne vor allem selbst für die Sicherung und Gestaltung seines Lebens verantwortlich ist, hat sich fest in der Ideengeschichte und institutionellen Ausgestaltung des deutschen Sozialstaates verankert (vgl. Sachße 1994), vielmehr ist auch die mit der zeitgenössischen Eigenverantwortungsprogrammatik verbundene Idee der Gemeinwohlorientierung keinesfalls eine Neuerfindung gegenwärtiger Sozialpolitik. So war etwa in der Weimarer Verfassung den Bürger/innen die sittliche Verpflichtung auferlegt, ihre Kräfte auf gemeinwohldienliche Weise einzusetzen (vgl. Enders 2011: 26):»Jeder Deutsche hat unbeschadet seiner persönlichen Freiheit die sittliche Pflicht, seine geistigen und körperlichen Kräfte so zu betätigen, wie es das Wohl der Gesamtheit erfordert.« (Weimarer Reichsverfassung, Artikel 163, Absatz 1)

Im (sozial-)politischen Diskurs der Bundesrepublik spielten die Ideen der Eigenverantwortung, Selbstorganisation und Aktivierung dann zunächst als subjektiver Anspruch und oppositionelle Forderung eine Rolle. So wurden von Seiten der Neuen Sozialen Bewegungen vor dem Hintergrund der Kritik an Bürokratisierung und staatlicher Bevormundung mehr Möglichkeiten zur individuellen Eigenverantwortungsübernahme und Selbsthilfe eingefordert. Eigenverantwortung wurde hier also zunächst von denjenigen gefordert, die ein größeres Maß an Verantwortung übernehmen *wollten* (vgl. Kaufmann 2006: 52).

Seit den 1970er Jahren fanden jedoch auch zunehmend aktivierende Elemente Eingang in die sozial- und arbeitsmarktpolitische Gesetzgebung. Qualifizierungsleistungen, Fortbildungen und Umschulungen wurden zu wichtiger werdenden Instrumenten der Arbeitsmarktpolitik (vgl. Scherschel & Booth 2012: 19ff.). Zunehmend rekurrierten die Verfechter einer grundlegenden Reform des Sozialstaates dabei auf die oben skizzierte Idee der Subsidiarität und individuellen Gemeinwohlverpflichtung. So argumentierte etwa der Philosoph Ottfried Höffe in der Debatte zur Zukunft des deutschen Wohlfahrtstaats:

> Was der Einzelne aus eigener Initiative und mit eigenen Kräften leisten kann, darf seiner Zuständigkeit nicht geraubt und der Gemeinschaft zugewiesen werden. Das Individuum hat das Recht als Kehrseite freilich auch die Pflicht zur Eigenverantwortung und Selbsthilfe. Ein Staat, der dagegen verstößt, indem er beispielsweise den Sozialstaat zum Fürsorgestaat ausbaut, handelt nicht bloß töricht, da er sich finanziell überfordert. Er handelt vor allem illegitim, denn er macht sich einer Kompetenzanmaßung schuldig. (Höffe zit. n. Günther 2002: 131)

Ganz im Sinne dieser Kritik am vorsorgenden Sozialstaat war es dann das zentrale Interesse des neuen sozialdemokratischen Programms des ›Dritten Weges‹ mittels sozialpolitischer Reformen das soziale »Sicherheitsnetz aus Ansprüchen in ein Sprungbrett in die Eigenverantwortung« zu transformieren (Schröder & Blair 1999: 894). Gerhard Schröder kündigte dementsprechend 2003 in seiner Regierungserklärung zur zweiten Amtszeit als Kanzler des rot-grünen Regierungsbündnisses an: »Wir werden Leistungen des Staates kürzen, Eigenverantwortung fördern und mehr Eigenleistung von jedem Einzelnen abfordern müssen.« (Deutscher Bundestag 2003: 2479) Zentrales Ziel der rot-grünen Agenda 2010 und war es dann, wie im 2005 in Kraft getretenen SGB II formuliert, »die Eigenverantwortung von erwerbsfähigen Leistungsberechtigten und Personen, die mit ihnen in einer Bedarfsgemeinschaft leben, [zu] stärken und dazu bei[zu]tragen, dass sie ihren Lebensunterhalt unabhängig von der Grundsicherung aus eigenen Mitteln und Kräften bestreiten können« (SGB II, Paragraph 1, Satz 2).[23]

Anstatt soziale Sicherheit zu garantieren und soziale Risiken zu kollektivieren, verlegt sich die neue sozialdemokratische Sozialpolitik

---

23 Die aktivierende Wende der Sozialpolitik ist keinesfalls ein deutsches Spezifikum, vielmehr prägt das Leitbild des ›aktiven Wohlfahrtsstaats‹ die Sozialpolitik zahlreicher europäischer Staaten (vgl. Fink 2011: 37ff.; Frericks 2014).

des ›Dritten Weges‹ also darauf, wie Gosta Esping-Andersen (2004: 192) zusammenfasst,»Bürger in die Lage zu versetzen, ihre Wohlfahrtsbedarfe marktförmig zu befriedigen«. Insbesondere wird dabei das soziale Risiko der Arbeitslosigkeit nicht mehr als Folge struktureller Ursachen, sondern als eine Frage der individuellen Bereitschaft gedeutet, Verantwortung für die eigene Beschäftigungsfähigkeit zu übernehmen. Erwerbslosigkeit und der Bezug von Sozialleistungen werden nun als Zeichen unzureichender Leistungs- und Anpassungsbereitschaft interpretiert, als unmoralisches Verhalten gegenüber der (Versicherungs-) Gemeinschaft gedeutet und sollen vor allem mittels Selbstaktivierung und der Stärkung der Eigenverantwortung und Beschäftigungsfähigkeit der Erwerbslosen bekämpft werden (vgl. Lessenich 2008: 93ff.; Scherschel & Booth 2012: 17; Hirseland & Ramos Lobato 2014: 182ff.).

Der neue ›aktivierende Sozialstaat‹ zielt dabei jedoch nicht auf die Förderung von Teilhalbe, Partizipation, Eigeninitiative und Selbstverantwortung, sondern verknüpft im Sinne des paradigmatischen Grundsatzes des ›Förderns und Forderns‹ jegliche Unterstützungsleistungen an die individuelle Bereitschaft und das aktive Bemühen, Hilfsbedürftigkeit zu vermeiden und die eigene Existenz selbst zu sichern (vgl. Clarke 2005: 448; Lessenich 2008: 89). Das individuelle Recht auf Leistungsbezug und ein menschenwürdiges Leben ohne existenzielle Not ist im neuen sozialpolitischen Regime an die Bereitschaft zur als »Bürgerplicht erachtete[n] Erwerbsarbeit« gekoppelt (Schmid 2010: 368). Mit dieser neuen neosozialen sozialpolitischen Logik hat sich, wie Lessenich (2008: 87) argumentiert, eine grundlegende Umkehrung des ›sozialen Bringschuld‹ und eine Neuordnung des »Beziehungsverhältnisses zwischen Individuum und Gesellschaft« vollzogen. Das gegen die Gesamtheit gerichtete, individuelle Recht auf Existenzsicherung und soziale Autonomie tritt in den Hintergrund; der/die Hilfeempfänger/in bildet stattdessen den ›zu formenden Stoff‹ (Simmel) sozialstaatlicher Fürsorge, die nicht in erster Linie dem individuellem Wohl, sondern dem gesamtgesellschaftlichen Interesse verpflichtet ist (vgl. ebd. 92).

Diese Ideen der Selbstaktivierung und Eigenverantwortung lassen sich dabei nun – zumindest in ihrer Bedeutung in dem grob umrissenen zeitgenössischen sozialpolitischem Diskurs – insofern von den übrigen Facetten der Selbstbestimmungsidee unterscheiden, als dass sie zwar auf die Selbststeuerungspotenziale des Einzelnen rekurrieren, diese aber von den sozialen, materiellen, politischen und moralischen Ermöglichungsbedingungen individueller Autonomie abschneiden:

Denn zunächst heißt eigenverantwortliches Handeln gerade nicht, die eigenen Lebensziele und Handlungsorientierungen im Sinne ethischer Autonomie selbst bestimmen und selbst eine Antwort auf die Frage nach dem individuell ›guten Leben‹ finden zu können. Vielmehr erfolgen Selbstaktivierung, Selbstorganisation und Verantwortungsübernahme auf Ziele hin, die den Betroffenen vorgegeben und von ihnen nicht beeinflussbar sind (vgl. Marquardsen 2011: 240). Der eigenverantwortliche Bürger ist, mit Lessenich (2008: 83) gesprochen, »frei, so zu handeln, wie es der liberalen Rationalität entspricht«.

Die Eigenverantwortungsprogrammatik steht zudem auch im Widerspruch zur Idee der moralischen Vernunft: Denn die Übernahme von Verantwortung im moralphilosophischen Sinne erfordert es zum einen, dass die Verantwortung-übernehmende Person »vom Wert der Ziele oder Zwecke überzeugt ist, um derentwillen sie Verantwortung übernehmen soll« (Kaufmann 2006: 56), und setzt es zum anderen voraus, dass die Person so handlungsfähig ist, dass sie »für die Verletzung oder Erfüllung einer Verhaltenserwartung verantwortlich gemacht werden« kann (Günther 2002: 125f.). Demgegenüber wird in der sozialpolitischen Eigenverantwortungslogik den Individuen Verantwortung für ihre Lebenssituation übertragen, unabhängig davon, ob sie überhaupt Handlungsalternativen besitzt und sich mit den hinter ihres Handelns stehenden Werten und Maximen identifizieren können (vgl. ebd.: 122ff.; Wolf 2004: 230; Gamm 2013: 50). Letztlich geht es also, wie Christoph Henning (2008: 376) folgert, bei der Eigenverantwortung »gar nicht um die Verantwortung eigener Handlungen, sondern um die Übernahme von allerlei Kosten, die noch bis vor Kurzem die Solidargemeinschaft getragen hat«.

Weiterhin werden in der sozialpolitischen Eigenverantwortungsprogrammatik jene sozialen Ressourcen und Sicherheiten ausgeblendet, die jegliche individuelle Handlungsspielräume und die Möglichkeit der Verantwortungsübernahme erst konstituieren. Den Individuen wird Verantwortung für die eigene Lebensführung und Existenzabsicherung übertragen, unabhängig davon, ob sie die Mittel und Voraussetzungen für eine aktive, eigenverantwortliche, vorsorgende und gemeinwohlverträgliche Lebensweise überhaupt besitzen. (vgl. Kocyba 2004: 20; Heidbrink 2006: 140). Die »Eigenverantwortlichkeits- und Aktivierungsphilosophie negiert bereits im Entwurf die Notwendigkeit der staatlichen Korrektur der marktlichen Ungleichverteilung von Einkommen, Vermögen und Lebenschancen« (Urban 2004: 471). Eigenverantwortung lässt sich demnach auch begreifen als Selbstbestimmung *ohne* ›soziale Autonomie‹.

Nicht zuletzt ist der Eigenverantwortungsdiskurs auch von der Idee der politischen Autonomie isoliert. Denn die Alltagshandelnden sind aufgefordert, sich mit ihren subjektiven Potenzialen und Autonomiefähigkeiten in den Dienst des Gemeinwohles zu stellen, ohne dass sie die Rahmenbedingungen des eigenen Handelns, Arbeitens und Lebens mitgestalten könnten. Eigenverantwortung zielt also, mit Stefanie Graefe (2015: 12) in Anschluss an André Gorz formuliert, auf

> die Autonomie der Ausführung und der begrenzten ›riskanten Entscheidung‹ im Rahmen heteronom gesetzter Handlungsbedingungen, kurz: [...] [auf eine] unternehmerische Autonomie, die zugleich andere Formen von Autonomie – etwa ›kulturelle, moralische und politische Autonomie‹ (Gorz) systematisch beschränkt.

Weil die sozialpolitisch propagierte Eigenverantwortung grundlegend von den Ideen ethischer, moralischer, sozialer und politischer Autonomie abgeschnitten ist, läuft sie letztlich, wie Harald Wolf (1999: 175) pointiert formuliert, gerade auf die »Perpetuierung gesellschaftlicher und individueller Heteronomie« hinaus.

2.2.7 Die sechs Wendungen der Selbstbestimmungsidee im Überblick

Auf Grundlage der exemplarischen Rekonstruktion einschlägiger philosophischer und soziologischer Bestimmungen des Autonomiebegriffs wurden sechs spezifische – sich teils voraussetzende und ergänzende, sich teils qualitativ unterscheidende – Facetten der Selbstbestimmungsidee herausgearbeitet. Folgende Begriffsdefinitionen lassen sich als terminologisches Werkzeug für die anschließende empirische Analyse und zeitdiagnostische Diskussion der Bedeutung von Autonomie in der Gegenwartsgesellschaft festhalten:

Die Idee der *ethischen Autonomie* zielt auf das individuell gelungene Leben; eine ethisch autonome Person begreift sich als Autorin des eigenen Lebens und ist in der Lage, eigene Sehnsüchte, Überzeugungen und Wünsche praktisch zu verwirklichen (siehe Kapitel 2.2.1). Die Vorstellung *authentischer Selbstverwirklichung* hebt dabei auf die Entfaltung einer vorausgesetzten, inneren Persönlichkeit ab. Die Frage nach der richtigen Art und Weise der Lebensführung wird im Rückgriff auf die ›echten‹, authentischen Wünsche, Bedürfnisse und

Neigungen beantwortet. *Voluntaristische* bzw. *reflexive Selbstformung* heißt hingegen, sich nicht nur als Autor/in des eigenen Lebens, sondern auch der eigenen Persönlichkeit begreifen zu können, und ist an die Möglichkeit gebunden, eigene Neigungen und Orientierungen reflektieren, hinterfragen und modifizieren zu können. *Relationale Autonomiekonzepte* erkennen die grundlegende soziale Bedingtheit jeglicher Subjektivität und Autonomie an, und lenken den Blick auf die sozialen Beziehungen und ökonomischen, politischen und kulturellen Rahmenbedingungen als Voraussetzung ethischer Autonomie.

Während der Anspruch ethischer Autonomie auf das individuell Gute zielt, hebt die Idee der *moralischen Autonomie* auf das allgemein Gute ab (siehe Kapitel 2.2.2). Die Idee moralischer Selbstgesetzgebung ist an das Vermögen des Menschen gebunden, sich als vernunftfähiges Wesen allgemeine moralische Prinzipien qua Einsicht in ihre unbedingte Verbindlichkeit zu eigen zu machen, von den eigenen partikularen Neigungen und Interessen zu abstrahieren, und das eigene Handeln an den selbstgesetzten Maximen auszurichten.

Privatautonomie zielt im Sinne negativer Freiheit auf den Schutz des Einzelnen vor äußeren Zwängen und Willkür (siehe Kapitel 2.2.3). Das Prinzip der legalen Autonomie verspricht den Individuen einen rechtlich abgegrenzten Bereich gegen den Zugriff des Staates und Dritter verteidigen zu können, und ermöglicht es dem Einzelnen auf diese Weise, eigenen Lebenszielen nachgehen zu können, ohne durch Andere abgehalten oder bevormundet zu werden.

Mit dem Konzept der *sozialen Autonomie* wird der Konditionalität der bürgerlichen Freiheitsrechte Rechnung getragen und der Blick auf die institutionellen Bedingungen gelenkt, die für die Entwicklung von Autonomiefähigkeiten und die Verwirklichung individueller Selbstbestimmung notwendig sind (siehe Kapitel 2.2.4). Soziale Autonomie ergibt sich aus der sozialstaatlichen Sicherung eines Mindestlebensstandards im Sinne materieller und soziokultureller Teilhabe; die staatlich garantierte Existenzsicherung sowie die damit entstehenden verlässlichen Planungshorizonte werden als notwendige Voraussetzungen individueller Autonomiespielräume betrachtet.

Politische Autonomie lässt sich als eine Form positiver Freiheit begreifen, die es den Einzelnen ermöglicht, die Bedingungen des gesellschaftlichen Zusammenlebens mitzugestalten (siehe Kapitel 2.2.5). Während in der liberalen Konzeption politische Autonomie durch die institutionalisierten Teilhabemöglichkeiten an öffentlichen Willensbildungs- und Gesetzgebungsprozessen im Rahmen des demokratischen Rechtsstaat erreicht wird, ist die Verwirklichung politischer Autonomie im radikaldemokratischen Verständnis an einen Bruch mit den Institutionen der demokratisch-kapitalistischen Gesellschaft geknüpft und zielt auf die praktische und gleiche Beteiligung aller an dem politischen Prozess der fortwährenden gesellschaftlichen Selbstsituierung.

Die in die Sozialpolitik des flexiblen Kapitalismus eingebetteten und mit der Entgrenzung, Deregulierung, Flexibilisierung und Subjektivierung von Arbeit verschränkten Ideen der *Selbstaktivierung* und *Eigenverantwortung* stellen die individuellen Selbststeuerungs-, Selbstverantwortungs- und Selbstsorgepotenziale in den Dienst des Gemeinwohls (siehe Kapitel 2.2.6). Während in der Rekonstruktion der verschiedenen philosophischen und soziologischen Autonomiebegriffe herausgearbeitet werden konnte, dass die einzelnen Dimensionen, Facetten oder Ebenen von Selbstbestimmung sich gegenseitig voraussetzen – also beispielsweise die Verwirklichung ethischer Autonomie auf rechtlich abgesicherte Privatautonomie, sozialstaatlich hergestellte soziale Autonomie und demokratisch institutionalisierte politische Autonomie angewiesen ist –, ist es dabei gerade der Clou der zeitgenössischen Eigenverantwortungs- und Aktivierungsprogrammatik, dass den Einzelnen Handlungsfreiheiten und Verantwortung für eine sozialverträgliche Selbstführung zugeschrieben werden, unabhängig davon, ob sie die materiellen, sozialen und kulturellen Ressourcen für ein selbstverantwortetes und selbstbestimmtes Leben überhaupt besitzen.

3. Gesellschaftstheoretische Ausgangspunkte

Es ist Anliegen der Arbeit zu rekonstruieren, auf welche Weisen sich die nun differenzierten Facetten der Selbstbestimmungsidee in den Alltagsorientierungen von Menschen in prekären Arbeitsverhältnissen und Lebenslagen wiederfinden, und zu untersuchen, wie Prekarisierte mit möglichen Differenzen zwischen Anforderungen, Ansprüchen und Möglichkeiten der Selbstbestimmung alltagspraktisch umgehen. Mit diesem Forschungsinteresse schließt die Untersuchung an eine ganze Reihe soziologischer Zeitdiagnosen an, die einerseits als Folge der sozialpolitischen Reformmaßnahmen und der Deregulierung von Arbeit eine zunehmende Prekarisierung von Arbeits- und Lebensverhältnissen beobachten (siehe Bourdieu 1998; Castel 2000; Brinckmann, Dörre & Röbenack 2006; Castel & Dörre 2009; Kalleberg 2009; Marchart 2013b; Standing 2014; Dörre 2014; zusammenfassend: Motakef 2015; Riesinger 2016), und andererseits thematisieren, wie sich der Stellenwert von Autonomie in der Arbeits- und Sozialwelt mit dem gesellschaftlichen Strukturwandel der letzten Jahrzehnte verändert hat (siehe Baethge 1991; Beck 1994; Pongratz & Voß 1998; Lemke, Bröckling & Krasmann 2000; Kocyba 2005; Bröckling 2007; Ehrenberg 2008[1998], 2012; Honneth 2010; Boltanski & Chiapello 2013).

Um die folgende Untersuchung innerhalb dieser soziologischen Debatten situieren und die empirischen Einsichten gesellschaftstheoretisch einordnen und diskutieren zu können, soll im Folgenden ausgehend von einer regulationstheoretischen Bestimmung des gesellschaftlichen Strukturwandels nachgezeichnet werden, wie die Prekarisierung von Arbeit (Kapitel 3.1) und die neue Bedeutung von Autonomie in Arbeitswelt und Sozialstaat des flexiblen Kapitalismus gesellschaftstheoretisch reflektiert wird (Kapitel 3.2).

3.1 Kapitalistischer Strukturwandel und Prekarisierung von Arbeit

Auch wenn die kapitalistische Verwertungslogik als zentrales Konstituens der Gesellschaft identisch geblieben ist[24], haben sich die kapitalistische Produktionsweise und die dazugehörigen Arbeitsverhältnisse und Anforderungen an die Individuen in den letzten Jahrzehnten grundlegend gewandelt. Aus regulationstheoretischer Perspektive lässt sich der Wandel der kapitalistischen Gesellschaftsformation als Übergang vom Fordismus zum Postfordismus beschreiben (vgl. Hirsch & Roth 1986):

Der Fordismus war geprägt von standardisierter Massenproduktion und normierten, restriktiven Arbeitsverhältnissen. In der verregelten, technisierten Produktion waren die Arbeitsabläufe zerlegt, Planung und Ausführung der Arbeit waren voneinander getrennt. Arbeit stellte sich dar als Gegensatz zur Entfaltung individueller Subjektivität und Autonomie (vgl. Voswinkel 2012: 135). Das fordistische Akkumulationsregime des organisierten Industriekapitalismus wurde stabilisiert durch eine korporatistische Regulation des Klassenantagonismus (vgl. Hirsch 2002): Der Sozialstaat sicherte die Beteiligung der Lohnarbeiter/innen am Wohlstand, und ermöglichte – wie im ideengeschichtlichen Kapitel zur sozialen Autonomie diskutiert (Kapitel 2.2.4) – mehr oder weniger große Spielräume für personale Selbstbestimmung im Privaten.

Seit den 1970er Jahren gerieten fordistisches Akkumulationsregime und keynesianisch-wohlfahrtstaatliche Regulationsweise vor dem Hintergrund von Wachstumseinbrüchen, zunehmender Staatsverschuldung, Massenarbeitslosigkeit und technologischen Veränderungen in der Produktion zunehmend in die Krise; im Laufe der letzten Jahrzehnte wurde der fordistische Kapitalismus vom Postfordismus als neues Akkumulationsmodell abgelöst:[25] Die Bedeutung der stan-

---

24 Der Kapitalismus ist dadurch gekennzeichnet, dass die Produktion dem Zweck der Kapitalakkumulation untergeordnet ist. Produktion und Handel von Gütern erfolgt in kapitalistischen Gesellschaften überwiegend gewinn-, und nicht bedarfsorientiert. Diese kapitalistische Produktionsweise setzt a) die Warenförmigkeit von Gütern und Dienstleistungen, b) Privatbesitz an Produktionsmitteln und c) (doppelt) freie Lohnarbeit voraus (vgl. Heinrich 2005: 12ff.).

25 Fordismus und Postfordismus sind nicht als strikt historisch voneinander getrennt zu denken. Repetitive Fließbandarbeit lebt auch heute noch fort und bereits im fordistisch geprägten Kapitalismus waren selbstverantwortliche, wenig

dardisierten Massenproduktion hat abgenommen, spezialisierte, flexibilisierte und dezentralisierte Produktion breitete sich aus. Alte Hierarchien werden abgebaut, und in den Betrieben wird zunehmend gleichberechtigt und eigenverantwortlich zusammen gearbeitet. Die Angestellten genießen neue Freiheiten am Arbeitsplatz und sind aufgefordert, Arbeit und Leben selbstständig zu organisieren. Gleichzeitig stagnieren die Einkommen, sozialstaatliche Sicherungssysteme werden ab- bzw. umgebaut und unsichere und atypische Beschäftigungsverhältnisse breiten sich aus (vgl. ebd; Voswinkel 2012: 307f.).

Welche Folgen die Deregulierung und Flexibilisierung von Arbeit und der Umbau des Sozialstaates für die Lebensrealität der Menschen hat, wird insbesondere in der arbeitssoziologischen Prekarisierungsdebatte beleuchtet, die im Folgenden in groben Zügen umrissen werden soll.

Angestoßen wurde die soziologische und öffentliche Diskussion zur Prekarisierung von Arbeit durch die Studien der französischen Soziologien Pierre Bourdieu (1998) und Robert Castel (2000). Während Bourdieu in seiner politischen Publizistik den Begriff ›Prekarität‹ nutzte, um die von ihm zeitdiagnostisch beobachtete Tendenz zur Verallgemeinerung sozialer Unsicherheit anzuklagen (vgl. Brinckmann, Dörre & Röbenack 2006: 8), zeichnet Castel in seiner vielbeachteten historischen Studie zur ›Metamorphose der sozialen Frage‹ (2000) die Entwicklung der Lohnarbeit seit dem 15. Jahrhundert nach, und beobachtet für die Gegenwart eine Wiederkehr unsichererer d.h. prekärer Arbeitsverhältnisse (vgl. Brinckmann, Dörre & Röbenack 2006: 14f.; Motakef 2015: 24ff.). Für die französische Gesellschaft zeigt Castel, wie sich in Folge von Wachstumskrise und kapitalistischem Strukturwandel unsichere Arbeitsarrangements ausbreiten und die Mittelschichten in zunehmendem Maße vom sozialen Abstieg bedroht sind. Konkret diagnostiziert er dabei eine Spaltung der postfordistischen Arbeitswelt in drei Zonen: Zwischen den Normalbeschäftigten (›Zone der Integration‹) und den Entbehrlichen und Abgehängten (›Zone der Entkopplung‹) ist eine expandierende ›Zone der Prekarität‹ entstanden, in der sich die Menschen damit arrangieren,

---

regulierte Arbeiten auszumachen. Vielmehr gilt es, mit diesen Konzepten dominierende Formen der Produktion zu beschreiben. Die idealtypische Unterscheidung bietet die Möglichkeit, das die jeweilige Gesellschaft prägende Verhältnis zwischen Arbeit und Subjektivierung herauszustellen (vgl. Voswinkel 2011: 304f.).

zwischen unsicheren Arbeitstätigkeiten und Phasen der Arbeitslosigkeit hin und her zu wechseln (vgl. Castel 2000: 360f.; Dörre 2006: 181ff.).

Mit Klaus Dörre, der die Diagnosen Castels für Deutschland überprüft und differenziert hat, lassen sich Arbeitsverhältnisse dabei genauer dann als prekär begreifen, wenn die Beschäftigten unter jenes »Einkommen, Schutz und soziales Integrationsniveau« fallen, das in der jeweiligen historischen und gesellschaftlichen Situation mehrheitlich als Standard begriffen wird (Brinckmann, Dörre & Röbenack 2006: 17). Neben diese objektiv-relationalen Kennzeichen prekärer Erwerbsarbeit heben Dörre et al. zudem die Bedeutung der subjektiven Wahrnehmungen und Erfahrungen hervor, und verstehen Erwerbsarbeit auch dann als prekär, wenn sie »subjektiv mit Sinnverlusten, Anerkennungsdefiziten und Planungsunsicherheit in einem Ausmaß verbunden ist, das gesellschaftliche Standards deutlich zuungunsten der Beschäftigten korrigiert« (ebd.).[26] Weil die Definition von Prekarität also relativ ist und von gesellschaftlichen Normalitätsvorstellungen und subjektiven Wahrnehmungen abhängig, ist Prekarität nicht als identisch mit absoluter Armut, sozialer Isolation, oder dem vollständigen Ausschluss aus dem Erwerbssystem zu verstehen (vgl. ebd.).[27]

---

26 Um den Prekaritätsbegriff als analytisches Instrument in der (arbeits-)soziologischen Analyse fruchtbar zu machen, schlagen Dörre et al. weiterhin vor, fünf Dimensionen von Prekarität zu unterscheiden: In der ›reproduktiv-materiellen Dimension‹ ist Erwerbsarbeit prekär, wenn sie nicht existenzsichernd ist und das Einkommen nicht zur Sicherung eines gesellschaftlich anerkannten kulturellen Minimums ausreicht. In der ›sozial-kommunikativen Dimension‹ ist Arbeit prekär, wenn die Beschäftigten durch die Art und Anforderungen der Arbeitstätigkeit aus ihren sozialen Netzen reißen, sprich die soziale Integration unterläuft. In der ›rechtlich-institutionellen Dimension‹ lassen sich Arbeitsverhältnisse dann als prekär begreifen, wenn sie den Beschäftigten allgemein anerkannte soziale Rechte und Partizipations- und Mitbestimmungsrechte vorenthalten. In der ›Status- und Anerkennungsdimension‹ ist Arbeit dann prekär, wenn sie mit sozialer Missachtung verbunden ist und soziale Anerkennung unterminiert. Schließlich sind Beschäftigungen in der ›arbeitsinhaltlichen Dimension‹ prekär, wenn die Tätigkeiten entweder mit einem dauerhaften subjektiven Sinnverlust verbunden sind oder aber umgekehrt in einer Überidentifikation mit der Arbeit münden, die systematisch den Verlust des Privatlebens oder arbeitsbedingte Erschöpfung nahelegt (vgl. Brinckmann, Dörre & Röbenack 2006: 18).

27 Prekarität und prekäre Beschäftigungen lassen sich also nicht substanziell definieren und sind im Gegensatz zu atypischen Beschäftigungsverhältnissen auch

Prekäre Beschäftigungsformen sind jedoch – wie auch Castel argumentiert – nicht als ein neues Phänomen zu begreifen, vielmehr hatte sich nur in der relativ kurzen Hochphase des Postfordismus bzw. des organisierten Kapitalismus das Normalabhängigkeitsverhältnis[28] als Norm und Normalität durchgesetzt; die sich ausbreitenden unsicheren Arbeitsarrangements ähneln früheren Formen der Beschäftigung (vgl. Kalleberg 2009: 2; Motakef 2015: 26ff.). Auch wenn prekäre Beschäftigungsformen also nicht erst mit der Krise des postfordistischen Akkumulationsregimes auftauchen, lässt sich jedoch wiederum die zunehmende Verbreitung atypischer Beschäftigungsverhältnisse und die damit verbundene Zunahme sozialer Unsicherheit durchaus – wie auch Brinkmann, Dörre und Röbenack (2006: 6) nahelegen – als ein prägendes Merkmal des gegenwärtigen Wandels der Arbeitswelt begreifen. Der Anteil der Normalarbeitsverhältnisse an der Gesamtbeschäftigung ist in den westeuropäischen Gesellschaften während der letzten Jahrzehnte stetig zurückgegangen (vgl. ebd.: 19; siehe ähnlich für die USA: Kalleberg 2009).

Neben der Forschungsgruppe von Dörre et al. (2013) beobachten auch Natalie Grimm, Andreas Hirseland und Berthold Vogel (2013), wie sich in Deutschland in Folge der neuen Arbeitsmarkt- und Sozialpolitik eine ›Zwischenzone am Arbeitsmarkt‹ etabliert hat, in der die Menschen zwischen unterschiedlichen Beschäftigungsformen, betrieblichen Statuspositionen und Erwerbslosigkeit hin und her wechseln: Eine wachsende Gruppe von Arbeitsmarktteilnehmer/innen fällt zwar nicht komplett und langfristig aus dem Erwerbsleben, es gelingt ihr jedoch auch nicht, eine statussichere und existenzsichernde Position in der Arbeitswelt zu erlangen (vgl. ebd.: 265). Dabei hat in Deutschland neben der traditionell weit verbreiteten Teilzeitarbeit vor allem die

---

nicht negativ über das Normalarbeitsverhältnis bestimmbar. Atypische und prekäre Beschäftigungsverhältnisse lassen sich also nicht als Synonyme auffassen; gleichwohl sind atypische Beschäftigungen mit einem hohen Prekaritätsrisiko verbunden (vgl. Motakef 2015: 50ff.).

28 Als Normalarbeitsverhältnis werden existenzsichernde, unbefristete, regelmäßig vergütete Vollzeittätigkeiten in abhängigen Beschäftigungen verstanden, die außerhalb des privaten Haushalts verübt werden, in die soziale Sicherheitssysteme integriert sind, die Möglichkeit zur kollektiven Interessenvertretung bieten und durch eine Identität von Arbeits- und Beschäftigungsverhältnis gekennzeichnet sind (siehe Mückenberger 1987; vgl. auch Brinckmann, Dörre & Röbenack 2006: 16; Motakef 2015: 48).

politisch forcierte Zunahme geringfügig entlohnter Beschäftigungsverhältnisse (>Mini-Jobs<), die Förderung von Existenzgründungen und der Aufschwung von Solo-Selbstständigkeit (vgl. Bührmann 2012b: 136f.), sowie die Begünstigung und zunehmende Verbreitung von Zeit- und Leiharbeit für einen Anstieg der atypischen Beschäftigungsverhältnisse gesorgt (vgl. Scherschel & Booth 2012: 34). Weil die atypischen Beschäftigungen oftmals nicht existenzsichernd sind, ist dabei eine zunehmende Zahl Erwerbstätiger als >Aufstocker/innen< auf den Bezug von Sozialleistungen angewiesen. Rund ein Drittel aller erwerbsfähigen Leistungsbezieher ist erwerbstätig (vgl. ebd.: 18).

Prekarisierung trifft jedoch nicht nur in atypischen Arbeitsverhältnissen Beschäftigte, sondern schwebt als Drohung auch über denjenigen, die derzeit in Normalarbeitsverhältnissen tätig sind und einen (noch) abgesicherten Lebensstandard haben. Es lässt sich deswegen mit Dörre (2006) argumentieren, dass Prekarisierung nicht nur die Entwicklung eines spezifischen Segments des Arbeitsmarktes beschreibt, sondern vielmehr eine gesamtgesellschaftliche Entwicklungstendenz kennzeichnet: So zeigt sich, dass Bedrohungsgefühle und Abstiegsängste nicht nur innerhalb der >Zone der Prekarität< vorzufinden sind, sondern sich stattdessen gerade auch innerhalb der Stammbelegschaften eine »permanente Verunsicherung« ausbreitet (ebd.: 187). Die Deregulierung, Flexibilisierung und Prekarisierung von Arbeit hat also mittelbar auch Folgen für jene Beschäftigen, die von unsicheren, atypischen Arbeitsverhältnissen (noch) gar nicht betroffen sind.[29]

Prekäre Arbeit hat schließlich weitreichende Konsequenzen für die Menschen auch über den Arbeitsplatz hinaus. So gehen prekäre Beschäftigungen mit einem erhöhten Krankheits- und Erschöpfungsrisiko einher (vgl. Witte 1999), beeinflussen Lebensentscheidungen wie Heirat und Familiengründung, und wirken sich negativ auf soziales Engagement und das das soziale Leben in Gemeinden aus (vgl. Kalleberg 2009: 9f.). Weiterhin stärken die mit der Prekarisierung von Arbeit einhergehenden Unsicherheiten die Tendenzen zu Rechtspopu-

---

29 Vor dem Hintergrund dieser Beobachtungen spricht Marchart (2013b) zeitdiagnostisch von einer >Prekarisierungsgesellschaft<, und argumentiert, dass in der Gegenwart »alle Bereiche des Sozialen einem Prozess der Prekarisierung ausgesetzt« (Marchart 2013a: 382) sind.

lismus, Autoritarismus und Abgrenzung nach unten (vgl. Dörre 2008; Dörre, Holst & Matuschek 2013: 231ff.).

Nicht zuletzt zieht die Deregulierung, Flexibilisierung Prekarisierung von Arbeit – und das ist der für diese Untersuchung entscheidende Sachverhalt – eine Einschränkung individueller Autonomiespielräume nach sich. Denn während – wie im folgenden Kapitel gezeigt werden wird – Autonomie mit dem kapitalistischen Strukturwandel eine neue Bedeutung in der Arbeitswelt erlangt hat, erodieren gleichzeitig die individuellen Autonomiespielräume im Zuge der zunehmenden Deregulierung und Flexibilisierung von Arbeit: Die Angst vor Arbeitsplatzverlust und sozialem Abstieg drängt die Menschen dazu, sich mit dem Bestehenden zu arrangieren und blockiert gleichzeitig die in der heutigen Arbeitswelt funktionalisierten subjektiven Aktivitäts- und Innovationspotenziale (vgl. Dörre 2009a: 78f.). Da sich »Hochleistung und Kreativität nur sehr eingeschränkt unter den Bedingungen von Konkurrenzdruck und Arbeitsplatzangst mobilisieren lassen« (Jürgens 2010: 579), wird mit den Deregulierungs-, Flexibilisierungs- und Prekarisierungsdynamiken den Subjekten letztlich die materielle Basis und Sicherheit entzogen, die notwendig wären, um sich entsprechend der Leitbilder und Anforderungen mit der ›ganzen‹ Persönlichkeit‹, Kreativität und Authentizität in der Arbeitswelt einbringen zu können. Wer im performativen Allokationskampf der Wettbewerbsgesellschaft damit ausgelastet ist, den Anschluss nicht zu verlieren, verliert die Möglichkeit, eigene Lebensziele selbstbestimmt setzen und verfolgen zu können (vgl. Rosa 2009a: 101ff.). Schließlich ist, wer keinerlei finanzielle Spielräume zur privaten Vorsorge hat, kaum in der Lage, sich im Sinne eines sich selbst und dem Gemeinwohl verpflichteten Subjekts in Eigenverantwortung präventiv gegen Arbeits- und Lebensrisiken abzusichern (vgl. Lessenich 2008: 82). Es deutet sich also an, dass die Menschen in der postfordistischen Arbeitswelt zwar zur eigenverantwortlichen Optimierung der Lebensführung und Beschäftigungsfähigkeit getrieben werden (siehe ausführlich dazu Kapitel 3.2), ihnen jedoch gleichzeitig ebenjene Handlungsressourcen genommen werden, die zur Einlösung der multiplen (Autonomie-)Anforderungen notwendig wären.

3.2 Autonomie und Erschöpfung im flexiblen Kapitalismus

Während Autonomieansprüche zu Beginn der europäischen Aufklärung zunächst gegen die soziale Ordnung und feudale Institutionen durchgesetzt werden mussten, hat sich – wie bereits einleitend angedeutet – die Idee der Selbstbestimmung in ihren unterschiedlichen Wendungen im industrialisierten Kapitalismus zur Funktionsvoraussetzung ökonomischer, politischer, rechtlicher und kultureller Institutionen entwickelt (vgl. Rosa 2010: 205ff.), und ist mit dem Strukturwandel von Arbeit und dem Umbau des Sozialstaates der letzten Jahrzehnte zu einer zentralen Legitimationsressource und Produktivkraft des flexiblen Kapitalismus der Gegenwart geworden. Auf Grundlage einschlägiger gesellschaftstheoretischer Zeitdiagnosen sollen im Folgenden wesentliche Deutungen zur ambivalenten Bedeutung von Autonomie in zeitgenössischen Produktionskonzepten und sozialpolitischen Programmen als Hintergrund für die anschließende Darstellung der empirischen Befunde skizziert werden.

3.2.1 Selbst-Ökonomisierung, Selbst-Rationalisierung und Selbst-Kontrolle

Die Folgen des kapitalistischen Strukturwandels für die Organisation von Arbeit und die Verfasstheit der Arbeitenden wurden in der arbeitssoziologischen Debatte insbesondere mit der von Pongratz und Voß (1998, 2003) eingeführten Figur des ›Arbeitskraftunternehmers‹ diskutiert.

Voß und Pongratz argumentieren, dass sich in Folge von verschärfter Weltmarktkonkurrenz und zunehmendem Druck, die Arbeitsproduktivität weiter zu steigern, eine grundlegende Reorganisation von Arbeitsverhältnissen vollzogen hat und sich neue Weisen der ›betrieblichen Nutzung von Arbeitskraft‹ entwickelt haben. Auf Grundlage von Interviews mit Beschäftigten haben Pongratz und Voß als neuen Typus von Arbeitskraft den ›verbetrieblichten Arbeitskraftunternehmer‹ rekonstruiert, der an die Stelle des ›proletarisierten Lohnarbeiters‹ der Industrialisierung und des ›verberuftlichten Arbeitnehmers‹ des Fordismus getreten ist, und auf die Erfordernisse der postfordistischen Arbeitswelt mit Selbst-Ökonomisierung, Selbst-Rationalisierung und Selbst-Kontrolle reagiert (vgl. Pongratz & Voß 2003: 24). Die ›Arbeitskraftunternehmer‹ steuern, überwachen und planen ihre Arbeit selbst, aus »betrieblicher Fremdkontrolle« ist »individuelle Selbst-Kontrolle« geworden (ebd.: 27). Weil die ›Arbeitskraftunternehmer‹ die kapitalistische Verwertungslogik internalisiert haben, erscheint ihnen der objektive Zwang, die Verwertung der eigenen Arbeitskraft immer weiter zu treiben, als eigener Wunsch. Die Beschäftigten werden nicht mehr in heteronomen Verhältnissen ausgebeutet, sondern treiben im Modus der Selbstverantwortung die eigene

Selbstausbeutung voran. Der Klassenkampf wird, wie Pongratz und Voß (1998: 152) pointiert zusammenfassen, »in die Seelen und Köpfe der Arbeitskräfte verlagert«.[30]

Über den arbeitssoziologischen Fokus auf Produktionskonzepte, Betriebsorganisationen und Arbeitskrafttypen hinausgehend, beschreibt Ulrich Bröckling (2007) aus gouvernementalitätstheoretischem Blickwinkel mit der Figur des ›unternehmerischen Selbst‹, wie sich im Neoliberalismus Regierungsformen – das Zusammenspiel von Fremd- und Selbstführung – und damit verbundene Subjektivierungsregime gewandelt haben, und versucht das paradoxe Ineinanderfallen von Selbstermächtigung und Unterwerfung zu fassen. Das ›unternehmerische Selbst‹ begreift Bröckling als ›Anforderungsprofil zeitgenössischer Subjektivierung‹ und zeichnet nach, wie die aus hierarchischer Herrschaft entlassenen Menschen aufgefordert sind, ihr Leben selbst unternehmerisch zu managen. Als Leitprinzipien der angeleiteten Selbstführung arbeitet Bröckling Kreativität, Empowerment, Selbstoptimierung und die das Leben und Arbeiten prägende Projekthaftigkeit heraus (ebd. 152ff.).[31]

Die Figuren des ›Arbeitskraftunternehmers‹ und des ›unternehmerischen Selbst‹ haben eine breite soziologische Debatte um die Ver-

---

30 Pongratz und Voß (2003: 28) beanspruchen nicht, mit dem Idealtyp des ›Arbeitskraftunternehmers‹ die arbeitsweltliche Wirklichkeit vollständig abzubilden, vielmehr ist diese idealtypische Konstruktion als »analytisch pointiertes Modell« zu verstehen, das eine Tendenz innerhalb der postfordistischen Arbeitswelt der Gegenwart beschreibt. Sie lassen empirisch fundierte Kritik an ihrer These durchaus gelten (siehe bspw. Kuda 2002) und erwarten mittelfristig eher eine ›Pluralität von Arbeitskrafttypen‹. In ihren empirischen Erhebungen können sie jedoch wiederum zeigen, dass sich der ›Arbeitskraftunternehmer‹ – branchenabhängig mehr oder weniger gebrochen – durchaus in der Wirklichkeit wiederfinden lässt (vgl. Pongratz & Voß 2003: 63ff.; zur Diskussion Köhler et al. 2014).

31 Bröckling schließt mit seiner Analyseperspektive an Foucaults Überlegungen zur Gouvernementalität (2000) und insbesondere seinen weiten Regierungsbegriff an. So lässt sich mit Foucault Regierung nicht als ein Mittel verstehen »Menschen zu zwingen etwas zu tun, was der Regierende will« (Foucault zit. n. Lemke 2000: 20), sondern stattdessen begreifen als ein »bewegliches Gleichgewicht mit Ergänzungen und Konflikten, die Zwang sicherstellen, und Prozessen, durch die das Selbst durch sich selbst konstruiert und modifiziert wird« (ebd.). Vor dem Hintergrund dieser Überlegungen richten gouvernementalitätstheoretische Studien den Blick nicht (nur) auf die (unterwerfenden) Herrschaftstechniken, sondern (vor allem) auch die ›Technologien des Selbst‹ und das Zusammenspiel von Selbst- und Fremdführung.

fasstheit gegenwärtiger Subjekttypen und die Bedeutung von Autonomie in der Arbeitswelt angestoßen. Empirische Studien haben untersucht, inwieweit sich der Idealtyp des eigenverantwortlichen Selbstunternehmers in unterschiedlichen Branchen tatsächlich in der Arbeitswelt wiederfindet (siehe bspw. Kuda 2002; Pongratz & Voß 2003, 2004; Matuschek, Kleemann & Brinkhoff 2004; Klostermeier 2011; Köhler et al. 2014), und auf welche Weise sich Alltagshandelnde in unterschiedlichen sozialen Feldern die kulturelle Subjektfigur des unternehmerischen Selbst aneignen (dazu etwa Loacker 2010; Amling & Geimer 2016; Glauser 2016). Auch wenn sich in den empirischen Untersuchungen zeigt, dass sich die Sozialfigur des Selbstunternehmers nicht ungebrochen und nicht in allen sozialen Feldern in gleicher Weise wiederfindet, deuten die arbeits- und gouvernementalitätstheoretischen Studien darauf hin, dass Autonomie im Sinne eines eigenverantwortlichen Selbstmanagements bzw. im Sinne von Selbst-Kontrolle, Selbst-Rationalisierung und Selbst-Ökonomisierung sich in zunehmend großen Teilen der Arbeitswelt als zentrale Anforderung etabliert hat. Der sich im Modus der Eigenverantwortung selbst führende Selbstunternehmer scheint sich als zeitgenössisches Leitbild gelungener Subjektivität durchgesetzt zu haben.

3.2.2 *Authentizität, Kreativität und Selbstverwirklichung*

Die postfordistischen Produktionskonzepte machen sich jedoch nicht nur die Selbststeuerungsfähigkeiten der Beschäftigten zu eigen, vielmehr wird auch der subjektive Anspruch auf ethische Autonomie im Sinne des Wunsches, sich am Arbeitsplatz persönlich entfalten und im Beruf authentisch verwirklichen zu können, in den reorganisierten Arbeitsverhältnissen produktiv genutzt (vgl. Baethge 1991; Kocyba 2005). Die Menschen sind aufgefordert, sich ihren individuellen »Haltungen, Wissen, Fertigkeiten, Motive[n], Gefühle[n] und Werte[n]« (Pongratz & Voß 2003: 216) in die Arbeit einzubringen. Galt es früher, die eigene Subjektivität in der Freizeit auszuleben und an den Fabriktoren abzulegen, scheinen die Selbstunternehmerinnen heute aufgefordert zu sein, sich mit ihrer ›ganzen Persönlichkeit‹ in der Arbeitswelt einzubringen.

Auf welche spezifische Weise die subjektiven Ansprüche auf Mitbestimmung und Selbstverwirklichung am Arbeitsplatz in zeitgenössischen Betriebskulturen aufgenommen und funktionalisiert wurden, haben Luc Boltanski und Ève Chiapello in ihren kulturtheoretischen Überlegungen zum ›neuen Geist des Kapitalismus‹ (2013) detailliert nachgezeichnet.[32] Auf Grundlage einer Analyse von Managementliteratur arbeiten sie heraus, wie die in den 1970er Jahren von den sozialen Bewegungen formulierte Künstlerkritik Eingang in zeitgenössische Managementkonzepte gefunden hat, und wie die Verwirklichung von emanzipatorischen Authentizitäts-, Kreativitäts- und Selbstentfaltungsansprüchen mit neuer Ausbeutung und der Instrumentalisierung subjektiver Potenziale zusammenfallen. Dabei zeigen sie, dass die Beschäftigten aufgrund neuer Handlungsspielräume in den reorganisierten Arbeitsverhältnissen tatsächlich mehr Würde erhalten, als es im postfordistischen Produktionsmodell je möglich gewesen wäre. Die Menschen sind von den Leiden hierarchischer Strukturen und offen repressiver Institutionen befreit und sind in der Lage ihre Tätigkeit in deutlich höherem Maße selbst zu gestalten (vgl. ebd.: 134ff.). Gleichzeitig zwingen die zunehmend unsicheren und prekären Arbeitsverhältnisse die Individuen jedoch, sich stärker zu engagieren, sich weiter zu verausgaben und ihre ganze Subjektivität für die Arbeit einzusetzen. Der Zugewinn an persönlicher Freiheit ist, wie Boltanski und Chiapello argumentieren, mit »sinkenden Sicherheitsgarantien erkauft« worden (ebd.: 462). Da die Menschen permanent um ihr Auskommen, ihre Berufsperspektive und ihr Ansehen kämpfen müssen, sind sie gezwungen, ihre Selbstverwirklichungspotenziale auszuschöpfen und können mit ihren neuen Handlungsspielräumen nur wenig anfangen (vgl. ebd.: 462f.). Vor dem Hintergrund der sich abzeichnenden Funktionalisierung subjektiver Autonomieansprüche, konstatiert auch Honneth (2010: 68),

> dass die Ansprüche auf individuelle Selbstverwirklichung […] inzwischen so stark zu einem institutionalisierten Erwartungsmuster der sozialen Reproduktion geworden sind, dass sie ihre innere Zweckbestimmung verloren haben und vielmehr zur Legitimationsgrundlage des Systems geworden sind.

---

32 Ausgehend von der Überlegung, dass der Kapitalismus nicht allein durch Zwang und (Lohn-) Anreize das Handeln der Menschen koordinieren und damit seinen Fortbestand sichern könne, sondern es auch normativer Legitimation und ethischer Rechtfertigung bedürfe, zeigen Boltanski und Chiapello (2013) wie der ›Geist‹ des Kapitalismus sich innerhalb der letzten Jahrzehnte gewandelt hat. Boltanski und Chiapello bestimmen den kapitalistischen Strukturwandel auf der kulturellen Ebene und fragen, wie sich Diskurse über Subjektivität und Anforderungen an die Subjekte verändert haben.

Neben den Selbstentfaltungsansprüchen und Selbststeuerungsfähigkeiten werden zudem auch subjektive Potenziale wie emotionale Kompetenzen und Reflexivität in den Dienst der Profitmaximierung gestellt. So beschreibt Eva Illouz (2007), wie der ›emotionale Kapitalismus‹ Gefühle als Ressource erkannt und für sich mobilisiert hat. Emotionen und zwischenmenschliche Beziehungen spielen in der Arbeitswelt eine wichtigere Rolle, gleichzeitig ist eine zunehmende Rationalisierung und Ökonomisierung des Gefühlslebens zu beobachten. Sighard Neckel (2008) zeigt weiterhin, dass das Programm des ›emotionalen Selbstmanagements‹ weniger darauf abzielt, problematische Emotionen zu unterdrücken und erwünschte Gefühlszustände vorzutäuschen. Stattdessen ist der Einzelne aufgefordert, Emotionen planvoll zu erzeugen und den Gefühlshaushalt so zu modellieren, dass eigenes emotionales Erleben und Rollenerwartungen in eins fallen. Gefordert ist letztlich »eine Art emotionaler Selbstprogrammierung, die es vermag, Gefühle situationsadäquat zu erzeugen und bedarfsgerecht zu verwerten« (ebd.: 131).

Um innerhalb flacher Unternehmensstrukturen, komplexer Abhängigkeiten und Interessenskonstellationen zu bestehen, bedarf es zudem ständiger reflexiver Selbstbefragung und Selbstüberwachung. Das »reflexive[] Selbst hat starke Mechanismen der Selbstkontrolle internalisiert, um seine Interessen nicht durch die unverhohlene Zurschaustellung selbstsüchtigen Konkurrenzdenkens zu verfolgen, sondern durch die Kunst, soziale Beziehungen zu meistern« (Illouz 2009: 163). Der/die reflexive und emotional kompetente Selbstunternehmer/in ist in der Lage, die Handlungen anderer zu antizipieren, verdeckte Motive von Konkurrentinnen und Kollegen zu entziffern und eigene Interessen kommunikativ zu vermitteln bzw. zu verdecken (vgl. ebd.: 163ff.).

Der Selbstverwirklichungsimperativ und die Aufforderung, die eigenen kreativen, emotiven und reflexiven Potenziale zu aktivieren bedeuten also nicht, sich frei von gesellschaftlichen Erwartungen und Zwängen entfalten zu können. Denn von den Selbstunternehmer/innen wird zwar, wie Bröckling (2007: 285) formuliert, »Distinktion statt Konformität« gefordert, doch die Menschen müssen, um ihre Zukunft zu sichern, sich selbst entsprechend den je gegenwärtigen Markterfordernissen modellieren und optimieren.

3.2.3 Selbstaktivierung und Eigenverantwortung

Wie bereits im ideengeschichtlichen Kapitel in der Rekonstruktion der Eigenverantwortungssemantik angedeutet, hat sich im Zuge des kapitalistischen Strukturwandels mit dem ›aktivierenden Sozialstaat‹ ein sozialpolitisches Arrangement entwickelt, das die Bürger zur permanenten Eigenaktivität zum Wohle der Gemeinschaft verpflichtet (siehe Kapitel 2.2.6).

Zeitdiagnostisch zeigt Stephan Lessenich (2008), wie der Einzelne mit dem ›neosozialen‹[33] Umbau des Sozialstaates aufgefordert ist, proaktiv mittels beruflicher Weiterbildung und Selbstoptimierung eine mögliche Arbeitslosigkeit und Hilfsbedürftigkeit, sprich den »versicherungswirtschaftlichen und fiskalpolitischen Schadensfall[]« (ebd.: 90) präventiv zu vermeiden. Die Menschen sind angehalten, den Erhalt der Leistungsfähigkeit zu gewährleisten und sich selbstständig gegen Arbeits- und Lebensrisiken abzusichern, um der Solidargemeinschaft nicht zur Last zu fallen. Die Imperative zur Selbstaktivierung und -optimierung beschränken sich dabei nicht auf die Arbeitswelt, vielmehr sollen auch Gesundheit, Familie und Partnerschaft optimiert (vgl. Jürgens 2010: 574ff.), die eigene Gesundheit, Fitness und Leistungsfähigkeit gesteigert (vgl. Wehling & Viehöver 2011; Spreen 2015; Schütz, Hildt & Hampel 2016) und bis ins hohe Alter erhalten werden (vgl. Katz 2000; Katz & Green 2002; Eichinger 2011).

Weil die Stärkung persönlicher Eigenverantwortung im Kontext neosozialer Sozialpolitik dabei mit Verpflichtungen und Repressionsmechanismen verschränkt ist, können die Aktivierungsmaßnahmen kaum als Programm zur Steigerung persönlicher Autonomie verstanden werden. Stattdessen führt die aktivierende Sozialpolitik im Gegenteil zu direkten Autonomieverlusten, wenn aus den Mitwirkungsrechten der Leistungsempfänger Mitwirkungspflichten werden, wenn die lebenslange Weiterbildung nicht mehr eine Möglichkeit, sondern überlebensnotwendige Pflicht wird, oder wenn die eigenverantwortli-

---

33 Lessenich folgend wird die Sozialpolitik des flexiblen Kapitalismus hier nicht ›neoliberal‹ sondern als ›neosozial‹ charakterisiert, da die Rede des ›neoliberalen‹ Umbaus des Sozialstaat auf die verkürzte Vorstellung von einem »Rückzug des Staates im Interesse gesteigerter individueller Autonomie« verweist (Lessenich 2008: 84). Als ›neosozial‹ lässt sich die gegenwärtige Sozialpolitik insofern verstehen, als das sie die Menschen nicht aus der sozialstaatlichen Regulation entlässt, sondern interventiv mit der »Produktion sozialverantwortlicher Subjekte beschäftigt« ist (vgl. Lessenich 2008: 84f.).

che Suche nach Arbeit durch die Androhung existenzbedrohender Sanktionen eingefordert bzw. erzwungen wird (vgl. Ullrich 2004: 156). So ermöglichen es beispielsweise die Auflösung des Berufs-, und Entgeltschutzes und die damit einhergehende Einführung strenger Zumutbarkeitsregelungen, Arbeitslose zu zwingen, prekäre, sozialversicherungsfreie oder nicht existenzsichernde Arbeitstätigkeiten aufzunehmen, für Arbeitstätigkeiten ihren Wohnort und ihr soziales Umfeld aufzugeben, oder weit unterhalb der eigenen Qualifikationen und eines angemessenen Lohniveaus zu arbeiten. (vgl. Scherschel & Booth 2012: 27; Bothfeld, Gronbach & Seibel 2004: 511; Griesser 2011: 117).

Während also die gesellschaftlichen Erwartungen an die Individuen dramatisch gestiegen sind, wurden einem Teil der Bevölkerung gleichzeitig die Ressourcen entzogen, die nötig wären, um ihnen zu entsprechen: Vor dem Hintergrund der Verschlechterung der Einkommens- und Lebenssituation von Leistungsempfängerinnen im Zuge der Hartz IV-Reformen und der Zusammenlegung von Arbeitslosenhilfe und Sozialhilfe im Arbeitslosengeld II (vgl. Aust, Bothfeld & Leiber 2006: 187), ist es einigen schlicht nicht möglich, den an sie herangetragenen Anforderungen nachzukommen. Zudem gewinnen in Folge der sozialpolitischen Förderung »gemeinschaftlicher Solidaritäts- und Selbsthilfepotenziale« (Ullrich 2004: 154) gerade jene familiären, religiösen und sozialen Abhängigkeiten und Bindungen an Bedeutung, aus denen die Individuen mit Ausbau verlässlicher staatlicher sozialer Existenzsicherung sukzessive befreit wurden (vgl. ebd.).

Die Vorstellung, persönliche Autonomie durch Aktivierung zu stärken, erscheint vor dem Hintergrund dieser Überlegungen illusorisch: »aktiviert zu werden ist ein heteronomes Projekt, dass für die Betroffenen mit einem ungewissen und zudem subjektiv nicht unbedingt erwünschten Ausgang verbunden ist.« (Marquardsen 2011: 240). Die neosoziale Aktivierungsprogrammatik und die sozialpolitische Förderung (und Forderung!) von Eigenverantwortung stehen sozialer Autonomie und persönlicher Selbstbestimmung also – wie bereits auf der Ebene der ideengeschichtlichen Rekonstruktion gezeigt (siehe Kapitel 2.2.6) – diametral gegenüber.

3.3.4 Pathologien der Selbstbestimmung –
Burn-out und Depression

Der Blick auf die Bedeutung der unterschiedlichen Autonomiefacetten in der gegenwärtigen Arbeitswelt und Sozialpolitik zeigt also, dass die Individuen zunehmend als autonomiefähige Subjekte adressiert, zur beruflichen Selbstverwirklichung ermuntert und zur gemeinschaftsverträglichen Selbstaktivierung aufgefordert werden. Gleichzeitig scheint es – wie schon einleitend angedeutet –, dass den Menschen nicht nur vielfach schlicht die Ressourcen fehlen, die notwendig wären, um den multiplen Autonomieanforderungen entsprechen zu können, sondern das (verordnete) Streben nach authentisch-autonomer Lebensgestaltung vielfach nicht zum ›guten Leben‹ führt, sondern die Menschen in die Erschöpfung treibt. Die beobachtbare dramatische Zunahme von psychischen Erkrankungen (siehe DAK 2017: 21ff.) wird in diesem Sinne soziologisch als pathologisches Symptom der ambivalenten Bedeutung von Selbstbestimmung im flexiblen Kapitalismus gedeutet:

In einer ersten Lesart lässt sich Erschöpfung dabei als direkte Antwort auf die Selbstverwirklichungsaufforderungen und Authentizitätserwartungen verstehen. So beschreibt Ehrenberg (2008: 15) den Depressiven als »erschöpft von der Anstrengung, er selbst werden zu müssen« und argumentiert, dass in einer Gesellschaft, in der die großen Antagonismen verschwunden und die Subjekte alles selbst in der Hand zu haben scheinen, jedes Scheitern als eigenes Versagen begriffen werde (vgl. ebd.: 13ff.). Denn innerhalb gesellschaftlicher Verhältnisse, in denen »Autonomie zum höchsten Wert geworden ist« (Ehrenberg 2010: 54), hadern die Menschen nicht mehr mit der Grenze zwischen Verbotenem und Erlaubten, sondern erklären im Glauben daran, dass ihnen alle Möglichkeiten offenstehen, jedes Scheitern mit eigenem Fehlverhalten und leiden an der eigenen Unzulänglichkeit.[34]

---

34 Während Ehrenberg (2008) mit der Figur des ›erschöpften Selbst‹ wie hier
    angedeutet die Verbreitung von Depressionen als die Rückseite des Bedeutungszuwachses von Autonomie zu diskutieren scheint, geht er in seiner darauffolgenden Monographie ›Das Unbehagen in der Gesellschaft‹ über die Vorstellung,
    dass »die Gesellschaft als solche Leiden verursacht«, hinaus (Ehrenberg 2012:
    21). Er betrachtet den postulierten Zusammenhang von Autonomie und Depression nun als kulturelle Erzählung und macht den (sozialwissenschaftlichen) Diskurs über das Verhältnis von Autonomie, Subjektivierungsweisen und psychischen Leiden selbst zum Gegenstand seiner Analyse. Ob Ehrenberg mit dieser

Das Phänomen Erschöpfung lässt sich weiterhin als Symptom dafür deuten, dass die Subjekte den widersprüchlichen Autonomieanforderungen alltagspraktisch nicht einmal annährend entsprechen können und an den paradoxen Mehrfachanrufungen zerbrechen müssen. Denn es gilt, sich sowohl eigenverantwortlich und flexibel bestmöglich den Markterfordernissen anzupassen, als auch authentisch das eigene Selbst zu entfalten. Die Subjekte sollen ›sie selbst‹ sein, und gleichzeitig den betrieblichen Anforderungen entsprechen. Es gilt, sich immer wieder kreativ neu zu erfinden und gleichzeitig ›echte‹ Gefühle gezielt herzustellen. Im Selbstverwirklichungsimperativ scheint der Widerspruch zwischen erfolgreicher beruflicher Selbstverwirklichung und der Verwirklichung subjektiver Wünsche bereits angelegt zu sein. In diesem Sinne zeigen die Untersuchungen von Elin Thunman (2013: 80f.), die in einer qualitativen Studie Burnout-Betroffene interviewt hat,

> dass die Selbstverwirklichung dann pathologisch wird, wenn man Mitarbeiter ermuntert, nach ihrem authentischen Selbst zu suchen und dieses zu präsentierten, sie aber im Gegenzug mit der Erwartung konfrontiert, auf eine Weise authentisch zu sein, die vom Unternehmen vorgegeben wird.

Weil die zeitgenössischen Subjektivierungsaufforderungen also paradox und unabschließbar sind, begreift auch Bröckling (2007) Erschöpfung als notwendige Rückseite des neoliberalen Subjektivierungsregimes, und beschreibt die »depressive Erschöpfung« als »die dunkle Seite der auf Dauer gestellten Hyperthermie des unternehmerischen Selbst« (ebd.: 291).

Aus arbeitssoziologischer Sicht wird das Phänomen Burn-Out wiederum in Zusammenhang mit der Entgrenzung und Subjektivierung von Arbeit und der Internalisierung von gesellschaftlichen Anforderungen diskutiert (vgl. Voß & Weiss 2013): Um den verinnerlichten Erwartungen zu entsprechen, nutzen die Selbstunternehmer/innen ihre Freiheiten dazu, sich selbst zu optimieren und die Inwertsetzung der

---

Rekonstruktion sozialwissenschaftlicher Bedeutungsproduktion grundlegend seine Analyseebene und -perspektive geändert und seine frühere These zum Zusammenhang von Autonomie und Erschöpfung selbst revidiert hat, oder ob schon seine Überlegungen zum ›erschöpften Selbst‹ missverständlich übersetzt und in Feuilleton und der deutschen Soziologie fehlerhaft rezipiert wurden, wäre genauer zu untersuchen.

subjektiven Potenziale unter den Bedingungen deregulierter, unsicherer Arbeitsverhältnisse und zunehmendem Zeit- und Leistungsdruck weiter zu steigern. Die ›Arbeitskraftunternehmer‹ begreifen die steigenden Anforderungen in der deregulierten und flexibilisierten Arbeitswelt nicht als Zumutung, sondern als Chance zur Selbstentfaltung und neigen deswegen dazu, die (Selbst-)Ausbeutung bis über die Grenzen der eigenen Reproduktionsfähigkeit hinaus zutreiben. Den in den postfordistischen Arbeitsverhältnissen »partiell erweiterten Chancen auf eine neue Qualität von Selbstentfaltung und Selbststeuerung stehen dabei neuartige Risiken gegenüber, vor allem das der Selbstüberlastung und des als selbstverschuldet erlebten Scheiterns« (ebd.: 47f.)

Die soziologische Debatte zum Phänomen Erschöpfung macht also darauf aufmerksam, dass die gesteigerte Bedeutung von Autonomie nicht (nur) mit neuen Freiheiten, sondern (auch) mit spezifischen Leiden verbunden ist. Die zu beobachtenden Erschöpfungserscheinungen werden zeitdiagnostisch als Folge der Authentizitäts- und Kreativitätsimperative, als Konsequenz der Selbstwidersprüchlichkeit und Unabschließbarkeit zeitgenössischer Autonomieanforderungen und als Resultat der Entgrenzung und Subjektivierung von Arbeit gedeutet.

3.3 Zwischenbetrachtung – Desiderate aktueller Zeitdiagnose

Doch so plausibel es zunächst erscheint, Burnout und Depression im Sinne der angedeuteten Diagnosen als Folge der allgegenwärtigen Autonomieanforderungen zu verstehen und als typische Leiden gegenwärtiger Subjekttypen zu begreifen, lässt sich – so die Ausgangsbeobachtung der sozialtheoretischen Überlegungen und der empirischen Untersuchung dieser Arbeit – der Zusammenhang zwischen der gesteigerten Bedeutung von Autonomie in Arbeitswelt und Sozialstaat des flexiblen Kapitalismus und der Verfasstheit zeitgenössischer Subjekttypen aus Perspektive der kultur- und gouvernementalitätstheoretischen Studien und vieler arbeitssoziologischer Untersuchungen nicht befriedigend beschreiben. Denn aufgrund ihrer jeweiligen sozialtheoretischen Anlage fokussieren die Ansätze auf spezifische Bestimmungsweisen von Subjektivität und neigen deswegen dazu, Ungleichzeitigkeiten zwischen unterschiedlichen Momenten von Subjektivität zu übersehen. Differenzen zwischen Selbstbestimmungszwängen und kulturellen Leitbildern gelungener Subjektivität auf der einen Seite und habitualisierten Handlungsmustern, sedimentierten Bedürfnisstrukturen, subjektiven Autonomieansprüchen und realen Handlungsspielräumen der Alltagshandelnden auf der anderen Seite werden deshalb als Ursache für individuelles Leid nicht systematisch berücksichtigt.

Aus dem Blick gerät dann, dass nicht alle Alltagshandelnden Selbstbestimmung in erster Linie mit beruflicher Selbstverwirklichung und authentischer Lebensführung verbinden, sondern durchaus auch soziale Sicherheit, finanzielle Unabhängigkeit und/oder Privatautonomie in den Vordergrund stellen können. So identifizieren etwa Stefanie Hürtgen und Stephan Voswinkel (2012) in ihrer Rekonstruktion von Lebensorientierungen von Beschäftigen in Normalarbeitsverhältnissen neben leistungs- und aufstiegsorientierten Typen auch Figuren, die stärker darauf bedacht sind, ihre privaten Lebensbereiche gegenüber dem Beruf abzugrenzen und etwa auf berufliche Entwicklungsperspektiven verzichten oder einen sicheren Arbeitsplatz einer interessanten Beschäftigung mit Möglichkeit zur Selbstentfaltung vorziehen. Auch die Studien von Dörre et al. (2013) zeigen, dass das Leitbild des ›unternehmerischen Selbst‹ vielen Beschäftigten äußerlich bleibt und sich große Teile der Bevölkerung nicht freiwillig entsprechend den ökonomischen Erfordernissen verhalten. Graefes (2010a: 237) Untersuchungen zu arbeitsbedingter Erschöpfung machen ebenfalls darauf aufmerksam, dass die erschöpften Alltagshandelnden nicht (nur) an einem »Übermaß an Druck und Verantwortung« kranken, sondern dass die psychischen Leiden gerade als Folge der »Kluft zwischen […] unternehmerischen Anforderungen und […] eigenen, in diesen Anforderungen weder gespiegelten noch überhaupt adressierten sozialen Ansprüchen an Kollegialität und Freundschaft« (ebd.) verstanden werden könnten. Schließlich deuten auch die Untersuchungen Thunmans (2013: 77ff.) darauf hin, dass es nicht (nur) ein ›Zuviel‹ an Authentizitäts- und Autonomieerwartungen ist, was die Arbeitenden in die Erschöpfung treibt, sondern es auch inhaltliche Unterschiede zwischen beruflichen Selbstverwirklichungsanforderungen und subjektiven Ansprüchen – die nicht nur auf Selbstentfaltung in der Arbeitswelt, sondern auch auf Anerkennung und Sinnstiftung abzielen – sind, mit denen Menschen zu kämpfen haben. Es lässt sich daher vermuten, dass die Subjekte auch im flexiblen Kapitalismus nicht nur daran leiden, »einfach nicht mehr zu können« (Bröckling 2007: 290), sondern sich durchaus auch in dem Konflikt zwischen gesellschaftlichen Anforderungen und eigenen Ansprüchen aufreiben.

Wenn die Diagnose der ›Subjektivierung von Arbeit‹ zudem nicht als Beschreibung einer Tendenz innerhalb postfordistischer Arbeitsarrangements, sondern im Sinne einer globalen Bestimmung des gegenwärtigen Verhältnisses von Arbeit und Subjektivität gelesen wird, wird leicht übersehen, dass nur ein Teil der Beschäftigten als Selbstunternehmer/innen adressiert ist und in vielen Segmenten des Arbeitsmarkts die Arbeitnehmer/innen weniger aufgefordert sind, ihre kreativen Potenziale und Autonomiefähigkeiten einzubringen, sondern weiterhin eher zur Adaption, Flexibilität und Unterordnung gezwungen werden (vgl. van Dyk 2010: 42; Dörre, Holst & Matuschek 2013). Es ist also durchaus auch fraglich, ob sich die unternehmerische Anrufung – wie Bröckling meint (2012: 131) – tatsächlich »unabhängig vom wirtschaftlichen Status an alle und jeden Einzelnen« richtet.

Weil die prominenten gesellschaftstheoretischen Zeitdiagnosen zur neuen Bedeutung von Autonomie in Arbeitswelt und Sozialstaat des flexiblen Kapitalismus also nur einen Teil der gesellschaftlichen Realität abzubilden scheinen, steht die empirische soziologische Forschung vor der Aufgabe, genauer zu untersuchen, wie sich Form und praktische Relevanz von Autonomieanforderungen in unterschiedlichen sozialen Lagen unterscheiden, und welche (unterschiedlichen) Leiden mit klassen- und geschlechtsspezifischen Anforderungskonstellationen und Lebenslagen verbunden sind.

Um nun entsprechend dieses Anliegens der Arbeit untersuchen zu können, in welchen inhaltlichen Wendungen Menschen in prekären Arbeits- und Lebensverhältnissen Autonomie überhaupt als eine äußere Anforderung wahrnehmen, und rekonstruieren zu können, wie sich Prekarisierte unterschiedliche (Autonomie-)Anforderungen aneignen und alltagspraktisch bearbeiten, ist es notwendig über die Rekonstruktion von Subjektivierungsregimen und institutionalisierten Anforderungen hinauszugehen und auch die subjektiven (Autonomie-) Ansprüche, die individuellen Handlungsspielräume und das praktische Alltagshandeln der empirischen Subjekte in den Blick zu nehmen. Es wird deswegen im Folgenden sozialtheoretischen Kapitel vorgeschlagen, Subjektivität auf den Ebenen des ›gesellschaftlichen Sollens‹, des ›subjektiven Wollens‹, des ›individuellen Könnens‹ und des ›praktischen Handelns‹ zu beschreiben (Kapitel 4.1), und es wird gezeigt, wie diese Heuristik mittels des methodologischen Ansatzes der dokumentarischen Methode für die empirische Analyse fruchtbar gemacht werden kann (Kapitel 4.2).

4. Sozialtheoretische Grundlegungen

4.1 Überlegungen zur Analyse von Subjektivität

Auch wenn Fremd- und Selbstführung im Neoliberalismus zunehmend reibungslos ineinandergreifen (wie es sich in gouvernementalitätstheoretischen Studien andeutet, siehe Kapitel 3.2.1, S. 47) bzw. der Antagonismus der Klassengesellschaft sich im Postfordismus mehr und mehr in die Subjekte selbst verlagert (wie es arbeitssoziologische Studien diagnostizieren, siehe Kapitel 3.2.1, S. 46), sollten diese gesellschaftstheoretischen Diagnosen nicht dazu führen, die Differenzen zwischen Subjekt-Anrufungen und institutionalisierten Anforderungen, Selbstansprüchen und psychischen Strukturen sowie materiellen Handlungsmöglichkeiten und der realen Praxis der Alltagshandelnden auf sozialtheoretischer Ebene aufzulösen. Eine soziologische Analyse, die trotz Anzeichen einer totalen Integration der Menschen die Möglichkeit nicht-identischer Subjektivität denkbar lässt und mögliche Brüche zwischen den gesellschaftlichen Bestimmungen und der empirischen Verfasstheit von Subjekten wahrnehmen möchte, müsste das Subjekt zwar vorranging als Teil der sozialen Verhältnisse begreifen, ohne es jedoch methodisch aus den gesellschaftlichen Strukturen und ökonomischen Funktionserfordernissen abzuleiten.

Wie schon angedeutet, fokussieren prominente Zeitdiagnosen jedoch einzelne Bestimmungen von Subjektivität und neigen deswegen dazu, die »Historizität und Mehrschichtigkeit individueller Subjektivität« zu übersehen (Dörre, Holst & Matuschek 2013: 241). Zwar wird in arbeits- und industriesoziologischen Ansätzen durchaus reflektiert, dass die gesellschaftlichen Anforderungen von eigensinnigen, bedürftigen, reflektierenden Subjekten nicht ungebrochen übernommen werden (vgl. zusammenfassend Eichler 2009: 107). Letztlich wird jedoch, wie Lutz Eichler kritisiert, die veränderte Zugriffsweise auf

Subjektivität vor allem quantitativ beschrieben und der »Eigenlogik und -dynamik des zugleich psychischen und sozialen Subjekts [...] nicht ausreichend Rechnung getragen« (ebd.: 92f.). Wenn beispielsweise Pongratz und Voß (1998) fragen, wie sich der Strukturwandel von Arbeit auf die gesellschaftliche Form der ›Ware Arbeitskraft‹ auswirkt und als Idealtyp den ›Arbeitskraftunternehmer‹ konstruieren, bleiben die subjektiven Orientierungen und Praktiken zunächst unterbelichtet (kritisch Matuschek, Kleemann & Brinkhoff 2004), bzw. können erst in einem zweiten Schritt ergänzend in den Blick genommen werden (siehe Pongratz & Voß 2003; 2004). Tendenziell bleibt in den Beschreibungen der zunehmenden Indienstnahme subjektiver Ressourcen in der Arbeitswelt das Zusammenspiel von institutionalisierten Anforderungen, politischen Legitimationsordnungen und kulturellen Identifikationsangeboten unterbelichtet, und es kann aus dem Blick geraten, dass tradierte Wertvorstellungen, Bedürfnisstrukturen, sowie eingeschliffene Wahrnehmungs-, Denk- und Handlungsmuster gesellschaftlichen Wandel überdauern und in Konflikt mit den je gegenwärtigen Markterfordernissen stehen können.

Gouvernementalitätstheoretische Beschreibungen zeitgenössischer Subjektivierungsregime lenken – wie im gesellschaftstheoretischen Kapitel skizziert – den Blick auf die politischen Rationalitäten und Regierungstechnologien, die Subjektivierungsprozesse leiten und den Menschen nahelegen, sich auf bestimmte Weise zu begreifen und zu modellieren. Da sich Anrufungen jedoch »niemals bruchlos in Selbstdeutungen und individuelles Verhalten« übersetzen (Bröckling 2007: 283), kann aus dieser Perspektive zwar ein differenziertes Bild von zeitgenössischen Leitbildern gelungener Subjektivität gezeichnet werden, die Rekonstruktion des ›unternehmerischen Kraftfelds‹ bietet aber, wie Bröckling selbst hervorhebt, keinen Aufschluss darüber, inwieweit die empirischen Subjekte tatsächlich entsprechend des Modells des Entrepreneurs denken, handeln und fühlen (vgl. ebd.: 10f.). Durch den Analysefokus auf politische Rationalitäten und diskursive Subjektivierungsformen geraten mögliche Widersprüche »zwischen der Anrufung unternehmerischer ›Autonomie‹ [...] und den in dieser Anrufung nicht adressierten subjektiv-sozialen Ansprüchen« aus dem Blick (Graefe 2010c: 60f.; vgl. auch Bührmann 2012a; Denninger et al. 2014: 15).

Im Folgenden soll nun diskutiert werden, wie eine an die kultur- und gouvernementalitätstheoretischen Zeitdiagnosen und arbeitssoziologischen Befunde anschließende Subjektivierungsanalyse aussehen

könnte, die es ermöglicht, zu untersuchen, wie zeitgenössische Autonomieanforderungen gedeutet und bearbeitet werden. Für diesen
Zweck erscheint es vielversprechend, (arbeits-)soziologische Perspektiven und sozialpsychologische Befunde zu verbinden (so u.a. Eichler
2009; 2013; Gruber 2010; King 2013) sowie gouvernementalitätstheoretische Untersuchungen, Diskursanalysen und empirische Fallrekonstruktionen ergänzend für das Verständnis zeitgenössischer Subjektivität zu nutzen (vgl. auch die Vorschläge von Tuider 2007; Pfahl &
Traue 2012).[35]

Dabei könnte es sich als produktiv erweisen, mittels der unterschiedlichen Forschungsperspektiven Subjektivität auf den Ebenen
des *>gesellschaftlichen Sollens<*, des *>subjektiven Wollens<* und des
>individuellen Könnens< zu beschreiben und zu untersuchen, wie mögliche Widersprüche zwischen diesen Momenten im *>praktischem
Handeln<* bearbeitet werden. Gegenüber einer dispositivanalytischen
Perspektive zur Untersuchung von Subjektivität (siehe bspw. Graefe
2011: 144ff.; Bührmann 2012a: 154ff.; Denninger et al. 2014: 31ff.)
könnte diese Heuristik den Vorteil bieten, die Verknüpfungen von
diskursiven Leitbildern, institutionalisierten Anforderungen, materiellen Lebensbedingungen, körperlichen Dispositionen, individuellen
Bedürfnissen und Ansprüchen sowie Alltagspraktiken nicht nur als
konstitutiv für Subjektivität zu begreifen, sondern ihre spezifische
Bedeutung für Subjektivierungsprozesse analytisch zu unterscheiden.

Auf der Ebene des *>gesellschaftlichen Sollens<* lassen sich zum einen diskursive Leitbilder gelungener Subjektivität und zum anderen
institutionalisierte Anforderungen verorten. Auch wenn zwischen
ökonomischen Strukturen und kulturellen und politischen Arrangements selbst Spannungen bestehen, sollen institutionalisierte Erfordernisse und diskursive Formationen hier zusammengefasst werden,
da sie gemeinsam Subjektivierungsprozesse im Sinne eines »Sollens«
prägen. Auf der einen Seite lassen sich dabei aus kultur- und gouver-
nementalistätstheoretischen Perspektiven diskursive Subjektformen
untersuchen, die als »kulturelle Typisierungen, Anforderungskataloge
[…] und Muster des Erstrebenswerten« (Reckwitz 2010: 140) Subjektivierungsprozesse leiten (siehe Kapitel 3.2.1, S. 47). Auf der anderen

---

35 Siehe in gleicher Stoßrichtung, aber durch die Verbindung von Dispositivanalyse
und Interviewstudien mit etwas anderem Zugang, die Studien zur gesellschaftlichen Neuverhandlung des Alter(n)s von Tina Denninger et al. (2014: 25ff.).

Seite lässt sich aus arbeitssoziologischer Sicht analysieren, wie sich im Zuge des kapitalistischen Strukturwandels die Anforderungen an die Beschäftigten verändert haben (siehe Kapitel 3.2.1, S. 46)

Abbildung 1: Heuristik zur Analyse von Subjektivität

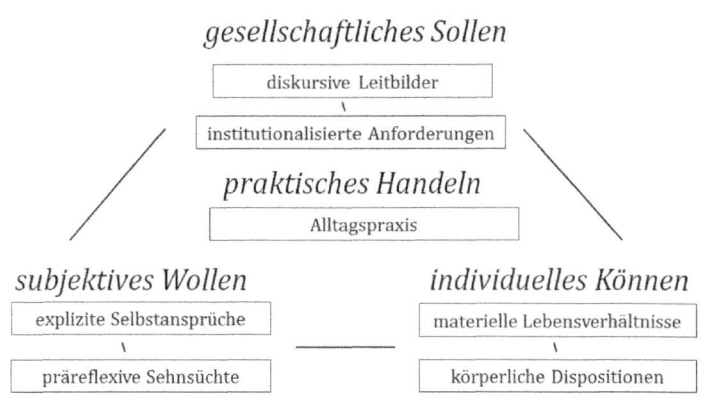

(eigene Darstellung)

Um der Tatsache Rechnung zu tragen, dass Alltagshandelnde innerhalb der bestehenden Klassen- und Geschlechterverhältnisse in unterschiedlichen biographischen Phasen, Familienarrangements und Beschäftigungssituationen mit divergierenden (Autonomie-)Anforderungen konfrontiert sein können, ist die Rekonstruktion hegemonialer Anforderungsprofile zu ergänzen durch eine Untersuchung spezifischer Anforderungskonstellationen in verschiedenen gesellschaftlichen Segmenten. Zudem sind nicht nur die in Diskursen, Arbeitsverhältnissen und sozialpolitischen Programmen objektivierten Autonomieanforderungen zu untersuchen, sondern auch zu rekonstruieren, in welcher Weise Alltagshandelnde Selbstbestimmung als eine an sie gerichtete Erwartung wahrnehmen.

Die Ebene des ›*subjektiven Wollens*‹ umfasst sowohl explizite Selbstansprüche als auch präreflexive Sehnsüchte und Bedürfnisse der Individuen. Kollektive Gesellschaftsbilder und Ansprüche werden in der Tradition der Arbeiterbewusstseinsforschung untersucht und es wird gefragt, wie der Strukturwandel von Arbeit in unterschiedlichen Beschäftigungsgruppen subjektiv verarbeitet wird (Bahl & Staab 2010; Detje et al. 2011; Dörre, Happ & Matuschek 2013). Die Einbeziehung sozialpsychologischer Untersuchungen kann dabei der Tatsache Rechnung tragen, »dass Individuen einerseits sozial konstituiert sind und zugleich das Psychische einer Eigenlogik unterliegt« (King 2013: 224). Ansätze der rekonstruktiven Sozialforschung ermöglichen es, mittels der Unterscheidung zwischen manifesten Inhalten und latenten Sinnstrukturen Einsicht sowohl in explizite Selbstansprüche und reflexive Selbstdeutungen als auch in habitualisierte Wahrnehmungs-, Denk- und Handlungsmuster zu erlangen. Dabei kann untersucht werden, ob und wie sich Alltagshandelnde hegemoniale Subjektfiguren aneignen (vgl. Geimer 2014; Amling & Geimer 2016).

Um die Differenz zwischen ›gesellschaftlichem Sollen‹ und ›subjektivem Wollen‹ denken zu können, müssen die Selbstansprüche, Sehnsüchte und Bedürfnisse der Alltagshandelnden dabei nicht zwangsläufig als vorgesellschaftlich gedacht werden, vielmehr könnten die Spannungen auch als Folge temporal unterschiedlich verlaufender gesellschaftlicher Entwicklungstendenzen verstanden werden. Denn es ist davon auszugehen, dass die sozial geprägten, aber relativ stabilen Bewusstseinsstrukturen, die habituell verankerten Selbstbilder der Subjekte und auch ihre Bedürfnisse sich nicht entsprechend den je gegenwärtigen und sich ständig wandelnden kulturellen Leitbildern und ökonomischen Erfordernissen formen lassen, sprich nicht mit dem raschen gesellschaftlichen Wandel und den zeitgenössischen Beschleunigungsdynamiken mithalten können. »Das In- und Nebeneinander ›alter‹ und ›neuer‹ Verhältnisse lässt sich nicht nur auf der Gesellschaftsebene beobachten, es ist zugleich auch ein Signum jeder – individuellen wie kollektiven – Subjektivität.« (Dörre & Matuschek 2013: 32)

Mit dem *›individuellen Können‹* sollen zudem die tatsächlichen Handlungsmöglichkeiten der Alltagshandelnden in die Subjektivierungsanalyse einbezogen werden. Diese individuellen Handlungsspielräume können sowohl als bedingt von materiellen Lebensbedingungen als auch in Abhängigkeit von individuellen körperlichen Dispositionen gedacht werden. Auf der Ebene der materiellen Lebensbedingungen bestimmen z.B. geschlechtliche, ethnische und klassenspezifische Zugehörigkeiten die Möglichkeit, den äußeren Anforderungen und inneren Sehnsüchten zu entsprechen. Zudem können auch individuelle körperliche Dispositionen der Steigerungsdynamik Grenzen setzen, auch wenn sich die individuelle Leistungsfähigkeit mittels *human enhancement* (zur Übersicht: Borkenhagen, Brähler & Ach 2012) zunehmend, aber eben nicht unbegrenzt, steigern lässt. Aus neophänomenologischer Sicht (Gugutzer 2012) wird argumentiert, dass körperliche Dispositionen und leibliche Affekte nicht nur als Produkt gesellschaftlicher Wirklichkeit, sondern auch als Gesellschaft konstituierende Kräfte zu begreifen sind.

Um in den Blick zu nehmen, was mögliche Spannungen zwischen ›gesellschaftlichem Sollen‹, ›subjektivem Wollen‹ und ›individuellem Können‹ für die empirischen Subjekte bedeuten, soll zusätzlich das *praktische Handeln‹* untersucht werden. So lenken praxeologische Ansätze den Blick auf soziale Praktiken, in denen sich Individuen situativ in der reflexiven Bezugnahme auf ihre Umgebung als spezifische Subjekte selbst bilden (siehe Alkemeyer 2013). Um sich der Frage anzunähern, wie sich Alltagshandelnde zu Differenzen zwischen gesellschaftlichen Erwartungen und ökonomischen Erfordernissen, eigenen Sehnsüchten und Bedürfnissen sowie tatsächlichen Handlungsspielräumen positionieren, und wie sie mögliche Widersprüche alltagspraktisch bearbeiten, bietet sich – wie in Kapitel 4.2 gezeigt wird – die wissenssoziologisch-praxeologisch fundierte dokumentarische Methode (Bohnsack 2008) an.

Der Vorschlag, die unterschiedlichen Bestimmungen von Subjektivität analytisch zu unterscheiden, impliziert jedoch nicht, dass gesellschaftliche Leitbilder und institutionalisierte Anforderungen, subjektives Begehren und explizite Handlungsansprüche sowie materielle Lebensbedingungen und körperliche Fähigkeiten als unabhängig voneinander zu denken wären. Es gilt also beispielsweise, die aus gouvernementalitätstheoretischer Sicht herausgestellte produktive Wirkung von Wissensordnungen für Subjektivierungsprozesse zu beachten, die in arbeitssoziologischen Studien herausgearbeitete Abhängigkeit individueller Subjektwerdung von ökonomischen Erfordernissen zu berücksichtigen und den möglichen Einfluss subjektiver Ansprüche auf den Wandel der kapitalistischen Produktionsweise im Blick zu behalten. Für das Verständnis zeitgenössischer Subjektivität, erscheint es jedoch ebenso wichtig, auch nach möglichen Spannungen zwischen den unterschiedlichen Dimensionen von Subjektivität zu fragen.

Indem nun Subjektivität nicht ausschließlich auf den Ebenen des ›gesellschaftlichen Sollens‹, ›des subjektiven Wollens‹ oder des ›individuellen Könnens‹ beschrieben wird, sondern davon ausgegangen wird, dass Subjekte sich im Spannungsfeld dieser miteinander vermittelten, aber eigendynamischen Dimensionen konstituieren, lässt sich Subjektivität als nicht-identisch mit ihren gesellschaftlichen Bestimmungen denken, ohne die Vorstellung einer ›natürlichen Daseinsform‹

des Menschen einführen zu müssen. Dahinter steht die Überlegung, dass das Subjekt zwar nicht vorgängig existiert, sondern von seinen Benennungen hergestellt und durchdrungen wird, jedoch, da jede Bestimmung ihr Ziel verfehlt, ein Spalt zwischen dem Subjekt und seiner gesellschaftlichen Repräsentation bestehen bleiben muss (vgl. Žižek 2001: 95ff.). Die Wesensbestimmung des Subjekts muss scheitern, da jedes Prädikat, das dem Selbst zugeschrieben wird, »zuletzt von seiner Subjektivität negiert oder überschritten werden« muss (Gamm 1997: 102). Das Subjekt wäre dann weder als identisch mit seinen Signifizierungen, noch als eine dem Gesellschaftlichen vorgängige Substanz zu denken, sondern als die Lücke zu begreifen, die sich jeglicher Repräsentation entzieht.

Subjektivität muss damit notwendigerweise widersprüchlich verfasst sein; eine Versöhnung von gesellschaftlichen Anforderungen, subjektiven Ansprüchen und Bedürfnissen sowie individuellen Handlungsmöglichkeiten würde gerade die (falsche) Einheit von Subjekt und Gesellschaft, sprich die Aufgabe nicht total vergesellschafteter Subjektivität bedeuten. Weil in der kapitalistischen Gesellschaft funktionale Subjektformen, subjektive Sehnsüchte und Bedürfnisse und individuelle Handlungsspielräume notwendigerweise im Widerspruch zueinander stehen, würde versöhnte Subjektivität nur um den Preis der absoluten Unterwerfung zu haben sein. Das widerspruchsfreie Selbst wäre nicht autonom, sondern müsste sich absolut mit seiner gesellschaftlichen Bestimmung identifizieren und ginge in seiner ökonomischen Funktion auf.[36]

Ein Moment von Freiheit bleibt hingegen solange bestehen, wie die Widersprüche den Individuen erfahrbar bleiben und wie der Einzelne von keiner der Bestimmungsweisen absolut determiniert ist und sich reflexiv zu den Differenzen zwischen gesellschaftlichen Anforderungen und eigenen Sehnsüchten verhalten kann. Solange die Integration der Subjekte nicht reibungslos und schmerzfrei funktioniert und die

---

36 Auch eine befreite Gesellschaft wäre wohl nicht dadurch gekennzeichnet, dass die Differenzen zwischen ›gesellschaftlichem Sollen‹, ›subjektivem Wollen‹ und ›individuellem Können‹ aufgehoben sind. Die Spannungen zwischen gesellschaftlichen Erfordernissen, subjektiven Ansprüchen und Bedürfnissen sowie individuellen Handlungsmöglichkeiten würden sich jedoch nicht naturwüchsig aus der kapitalistischen Entwicklungsdynamik ergeben, sondern wären in ihrer objektiven Notwendigkeit, grundsätzlichen Verschiebbarkeit und vernünftigen Ausgestaltung für den Einzelnen nachvollziehbar.

Nicht-Identität von gesellschaftlichen Anforderungen, subjektiven Wünschen, grundlegenden Bedürfnissen und Handlungsmöglichkeiten in Form von Leiderfahrungen spürbar ist, bleibt auch die Möglichkeit des Aufbegehrens erhalten. So ist es »nach dem Maß des Bestehenden immer zugleich auch das Beschädigte, nicht etwa das Harmonischere«, was »immer menschlich heute wahrhaft auf einen höheren Zustand vordeutet« (Adorno 2003[1955]: 67).

Die Ungleichzeitigkeiten zwischen ›gesellschaftlichem Sollen‹, ›subjektivem Wollen‹ und ›individuellem Können‹ wären in der empirischen Subjektivierungsanalyse also als Ausdruck der gesellschaftlichen Situation zu begreifen. Dabei wäre zum einen zu fragen, an welchen Stellen die Teilautonomie einer Dimension bedroht oder im Verschwinden begriffen ist, also beispielsweise subjektive Sehnsüchte und Bedürfnisse absolut von gesellschaftlichen Erfordernissen bestimmt sind. Zum anderen wäre zu identifizieren, an welchen Punkten sich andersherum die Differenzen zwischen den unterschiedlichen Bestimmungen von Subjektivität so verfestigen, dass die Alltagshandelnden außer Stande sind, die Widersprüche alltagspraktisch auch nur partiell zu überbrücken (vgl. Rosa 2012: 120f.) und beispielsweise darunter leiden, dass die gesellschaftliche Erwartung der beruflichen Selbstverwirklichung oder die eigene Sehnsucht nach authentischer Selbstentfaltung nicht einmal annähernd zu realisieren sind.

4.2 Methodologische Herangehensweise

Die oben entwickelte Heuristik zur Analyse von Subjektivität soll es ermöglichen, nicht nur die kulturellen Bilder gelungener Subjektivität und die institutionalisierten Autonomieanforderungen zu analysieren, sondern auch die handlungsleitenden Autonomieansprüche von Prekarisierten zu rekonstruieren, ihre individuellen Handlungsspielräume in die Analyse miteinzubeziehen, und schließlich das praktische Alltagshandeln zu untersuchen. Die empirische Analyse will also das Alltagswissen und -handeln der Prekarisierten in den Blick nehmen; gleichzeitig sollen dabei die zu rekonstruierenden subjektiven Orientierungen und individuellen Praktiken als Teil der gesellschaftlichen Verhältnisse begriffen werden. Es bedarf deswegen eines methodischen Zugriffs, der auf der Ebene empirischer Subjekte ansetzt, jedoch nicht ihre expliziten Selbstdeutungen für die Sache selbst halten muss, sondern in der Lage ist, die subjektiven Reaktionsformen als Teil der gesellschaftlichen Strukturen zu begreifen.

Für dieses Vorhaben lassen sich – wie im Folgenden gezeigt werden soll – die praxeologisch-wissensoziologisch fundierten Überlegungen von Ralf Bohnsack (2008, 2010, 2013), Arnd-Michael Nohl (2010, 2012, 2013b) und Alexander Geimer (2014; 2016) zur dokumentarischen Methode nutzen:

Die dokumentarische Methode macht die Alltagsorientierungen zur Basis der empirischen Analyse, richtet den Blick jedoch nicht auf den subjektiv gemeinten Sinn und bleibt nicht dabei stehen, manifeste Bedeutungsgehalte zu untersuchen, sondern fokussiert auf das in alltäglichen Interaktionen implizit bleibende, *sozial strukturierte und die Handlungspraxis strukturierende* Alltagswissen. Ausgangspunkt des methodologischen Ansatzes der dokumentarischen Methode ist dabei die Mannheim'sche Unterscheidung zwischen dem reflexiv verfügbaren ›kommunikativen Wissen‹ und dem atheoretischen ›konjunktiven Erfahrungswissen‹ (Mannheim 1980[1925]: 276; vgl. Bohnsack, Nentwig-Gesemann & Nohl 2013: 12). Während die Analyse des kommunikativen Wissens Aufschluss über die reflexiven Wissensbestände und bewussten Handlungsentwürfe der Alltagsandelnden bietet, ermöglicht es die Rekonstruktion des konjunktiven Wissens, Einsicht in ihre präreflexiven, handlungsleitenden Alltagsorientierungen zu gewinnen. Das kommunikativ-generalisierbare Wissen über gesellschaftliche Anforderungen und institutionalisierte Abläufe wird in der dokumentarischen Methode dabei als ›Orientierungs*schema*‹ gefasst; konjunktives Erfahrungswissen und implizite Handlungsorientierungen werden als ›Orientierungs*rahmen*‹ in den Blick genommen (vgl. Kleemann, Krähnke & Matuschek 2009: 153ff.; Bohnsack 2013: 246).

Das in der alltäglichen Kommunikation nicht explizite konjunktive Erfahrungswissen strukturiert nun nicht nur die Praktiken der Alltagshandelnden, sondern ist – und das macht sich der Ansatz der dokumentarischen Methode zu Nutze – als Produkt der jeweiligen Lebenserfahrungen gleichsam sozial geprägt. Zentrales Ziel der dokumentarischen Methode ist es nun, milieuspezifische handlungsleitende Orientierungs*rahmen* zu rekonstruieren, sprich begrifflich zu explizieren, was im Alltag implizit bleiben kann, weil die Alltagshandelnden sich aufgrund ihres gemeinsamen konjunktiven Erfahrungsraumes[37]

---

37 Die sich einen milieu-, geschlechtstypischen etc. Erfahrungsraum teilenden Individuen verstehen sich aufgrund ihrer geteilten Praxis und ihrer gemeinsamen

intuitiv verstehen (vgl. Przyborski & Wohlrab-Sahr 2008: 280ff.; Bohnsack 2010: 101, 2013: 246). Weil sich (milieuspezifische) Sozialisationserfahrungen im konjunktiven Erfahrungswissen niederschlagen, ermöglicht die Rekonstruktion dieses sozial strukturierten und die Handlungspraxis strukturierenden Wissens Rückschlüsse auf überindividuelle, soziale Strukturen.

Das gesellschaftlich geprägte, handlungsleitende Erfahrungswissen lässt sich nun rekonstruieren, nicht indem nach dem intendierten Ausdruckssinn gefragt wird, und nicht indem ausschließlich auf der Ebene der Beobachtung erster Ordnung der immanente Objektsinn analysiert wird; sondern indem auf der Ebene der Beobachtung zweiter Ordnung untersucht wird, *wie* die Interviewten ihr Handeln mit Sinn versehen (Dokumentsinn) (vgl. Bohnsack 2010: 102; Bohnsack, Nentwig-Gesemann & Nohl 2013: 13f.). Indem nun auf diese Weise der Erfahrungsraum der Alltagshandelnden begrifflich erschlossen wird und der Prozess der Herstellung sozialer Wirklichkeit nachvollzogen wird, können die im Alltag unsichtbar bleibenden, sozial geprägten und die Praxis prägenden Denk- und Handlungsmuster rekonstruiert werden. Indem mittels sequenzanalytischer Rekonstruktion die die Erzählungen durchziehende implizite Regelhaftigkeit nachvollziehbar wird, kann auf den handlungsleitenden Orientierungsrahmen geschlossen werden, der die einzelnen Äußerungen strukturiert (vgl. Bohnsack 2008: 61ff.).[38]

Eine besondere Bedeutung kommt dabei den minimal und maximal kontrastiven, fallinternen und fallübergreifenden Vergleichen zu. Denn es lässt sich erst auf den die einzelnen Äußerungen strukturierenden Orientierungsrahmen schließen, wenn – und das ist ein entscheidendes Argument der dokumentarischen Methode und grenzt den Ansatz von anderen rekonstruktiven Verfahren ab – in unterschiedlichen Erzählungen zu verschiedenen Themen die gleichen Sinnmuster

---

Orientierungen intuitiv; die Alltagshandelnden interagieren miteinander, ohne ihre Absichten kommunikativ explizieren zu müssen (vgl. Bohnsack 2008: 59ff.; Meuser 2013: 225f.).

38 Die den Alltagshandelnden unbewussten Muster können wissenschaftlich rekonstruiert werden, nicht weil eine ›erkenntnislogische Differenz‹ zwischen den Alltagsdeutungen der Menschen und der wissenschaftlichen Rekonstruktion besteht, sondern weil die Forscher/innen in der Lage sind, einzelne Sequenzen von Kommunikation in einer Genauigkeit und Tiefe zu analysieren, wie es im Alltag nicht möglich ist (vgl. Bohnsack 2008: 58).

in homologer Weise gefunden und von differierenden Mustern abgegrenzt werden können. Mit diesem komparativen Vorgehen kann zudem der theoretische Abstraktionsgrad erhöht werden. Denn die Kontrastierung einer Orientierungsfigur mit weiteren Mustern ermöglicht es, von den je fallspezifischen Besonderheiten zu abstrahieren, das gemeinsame Dritte (›Tertium Comparationis‹) zu bestimmen, und sich einer allgemeinen Bestimmung eines übergreifenden Orientierungsrahmens anzunähern (vgl. Bohnsack 2013: 253ff.; Nohl 2013a: 273ff.).[39]

Ziel der dokumentarischen Methode ist schließlich die auf die komparativen Feinanalysen aufbauende Bildung von sinngenetischen, soziogenetischen oder relationalen Typologien. Sinngenetische Typologien stellen unterschiedliche Orientierungsrahmen gegenüber (vgl. Bohnsack 2013: 249ff.); soziogenetische Typologien fragen nach der sozialen Genese des Alltagswissens und setzen die rekonstruierten Orientierungsrahmen in Zusammenhang mit (milieuspezifischen etc.) Erfahrungsräumen, sprich mit gesellschaftlichen Strukturen (vgl. ebd.: 262ff.); relationale Typologien ermöglichen es – insbesondere wenn die Bildung soziogenetischer Typologien aufgrund des empirischen Materials nicht möglich erscheint – die Verwandtschaften und systematischen Zusammenhänge zwischen unterschiedlichen Orientierungsschemata und -rahmen zu erschließen (vgl. Nohl 2013a: 274ff., 2013b: 44ff.).

Für das Anliegen dieser Arbeit kann die dokumentarische Methode nun – mittels leichter konzeptioneller Modifikation – fruchtbar gemacht werden, da sie es ermöglicht, subjektive handlungsleitende Alltagsorientierungen in ihrem Verhältnis zu gesellschaftlichen Erwartungen zu rekonstruieren:

Gegenüber Bohnsacks ursprünglichen Überlegung, nach der nur das implizite konjunktive Wissen (Orientierungsrahmen), nicht aber das explizite kommunikativ-generalisierbare Wissen (Orientierungssche-

---

39 Das komparative Vorgehen ist jedoch nicht nur in diesem Sinne erkenntnisgenerierend, sondern bietet zudem den Vorteil, die ›Standortverbundenheit‹ der Forscher/innen zu kontrollieren; ist also gleichzeitig erkenntniskontrollierend. Denn indem ein Fall vor dem Hintergrund mehrerer Vergleichshorizonte betrachtet wird, kann die Gefahr, dass die Forschenden das empirische Material in erster Linie vor dem Hintergrund eigener Erfahrungen und Erwartungen interpretieren, reduziert werden (vgl. Przyborski & Wohlrab-Sahr 2008: 276; Nohl 2013a: 271f., 2013b: 16).

mata) handlungsleitend ist, wird jedoch in Anschluss an den Vorschlag von Stefan Amling und Alexander Geimer (2016) zur konzeptionellen Weiterentwicklung der dokumentarischen Methode und vor dem Hintergrund der eigenen empirischen Analysen vermutet, dass durchaus auch reflexive Wissensbestände und das Wissen über gesellschaftliche Erwartungen im Alltag handlungsrelevant sein können. Anstatt Orientierungsschemata (im Sinne des subjektiven Wissens über gesellschaftliche Erwartungen) ausschließlich auf der Ebene kommunikativ-generalisierbaren Wissens zu verorten und Orientierungsrahmen (im Sinne handlungsleitender Denkmuster) nur auf der Ebene konjunktiver Wissensbestände anzusiedeln, wird deswegen davon ausgegangen, dass auch Orientierungsschemata implizite Anteile haben, und, andersherum, Orientierungsrahmen durchaus im Alltagswissen reflektiert und kommunikativ expliziert werden können. Ob und auf welche Weise explizite sowie implizite gesellschaftliche Erwartungen (Orientierungsschemata) und explizite sowie implizite subjektive Handlungsorientierungen (Orientierungsrahmen) tatsächlich handlungsleitend sind, scheint dann nicht a priori bestimmbar , sondern vielmehr – wie auch Amling und Geimer (2016) nahelegen – eine empirische Frage zu sein.[40]

Mittels dieser konzeptionellen Modifikation lässt sich der Ansatz der dokumentarischen Methode nun folgendermaßen für die empirische Analyse von Anforderungen, Ansprüchen, Möglichkeiten und Praktiken der Selbstbestimmung nutzen:

– Die Rekonstruktion von Orientierungs*schemata* bietet Einsicht in die subjektiven Deutungen hegemonialer Autonomieanforderungen; es lässt sich nachvollziehen, welche normativen gesellschaft-

---

40 Die für den methodologischen Ansatz der dokumentarischen Methode entscheidende Leitdifferenz zwischen kommunikativen und konjunktiven Wissensbeständen wurde im Laufe des Projekts also aufgeweicht. Gerade auf Grundlage fokussierter Interviews mit nur wenigen narrativen Sequenzen hat es sich als wenig fruchtbar erwiesen, die Unterscheidung zwischen gesellschaftlichen Erwartungen/Autonomieanforderungen/Orientierungsschemata auf der einen Seite und subjektiven Handlungsorientierungen/Autonomieansprüchen/Orientierungsrahmen auf der anderen Seite ausschließlich an die Wissensebene (explizites vs. implizites Wissen) oder die formale Textsorte (Argumentation vs. Erzählung) zu knüpfen. Vielmehr schien es notwendig, zur Abgrenzung zwischen Autonomieanforderungen und -ansprüchen den inhaltlichen Kontext und die semantische Textinterpretation miteinzubeziehen.

lichen Erwartungen Prekarisierte explizit wahrnehmen und an welchen gesellschaftlichen Vorgaben sie sich implizit orientieren.

– Die Identifikation von Orientierungs*rahmen* ermöglich es, nach-vollziehen, welche eigenen Autonomieansprüche Prekarisierte explizit formulieren und an welchen Autonomievorstellungen sie ihr Handeln implizit ausrichten.

– Mittels des Blicks auf die ›Enaktierungspotenziale‹[41] einzelner ›Orientierungsrahmen‹ und ›-schemata‹ lässt sich bestimmten, inwieweit die Interviewten in ihrer spezifischen Lebenssituation die Chance haben, gesellschaftliche (Autonomie-)Anforderungen und eigene (Autonomie-)Ansprüche zu realisieren.

– Zuletzt lässt sich auf Grundlage der Rekonstruktion der ›erlebten Lebensgeschichte‹ zeigen, wie die Interviewten mögliche Differenzen zwischen Anforderungen und Ansprüchen der Selbstbestimmung im Kontext spezifischer Handlungsspielräume alltagspraktisch bearbeiten.

Tabelle 1: Dokumentarische Methode und Subjektivierungsanalyse

Ebene von Subjektivität	Autonomie	Dokumentarische Methode
Gesellschaftliches Sollen	Autonomieanforderungen	Orientierungsschemata
Subjektives Wollen	Autonomieansprüche	Orientierungsrahmen
Individuelles Können	Handlungsspielräume	Enaktierungspotenziale
Praktisches Handeln	Alltagspraxis	Erlebte Lebensgeschichte

41 Das Konzept des Enaktierungspotenziale ist bei Bohnsack (2008: 136) an Gruppendiskussionen gebunden, und wurde nun in der Analyse der fokussierten Interviews also in gewisser Weise unorthodox gebraucht. Das Enaktierungspotenzial bezeichnet nun nicht die Chance, eine bestimmte Orientierung in der Situation des konkreten Interaktionszusammenhangs der Gruppendiskussion umzusetzen, sondern beschreibt die – durch Interpretationsleistung der Forscher/innen rekonstruierte – alltagspraktische Möglichkeit, gesellschaftliche Anforderungen wie eigene Ansprüche verwirklichen zu können.

5. Methodisches Vorgehen

5.1 Datengrundlage

Die empirische Untersuchung dieser Arbeit greift auf problemzentrierte Interviews (Witzel 2000) mit Prekarisierten zurück, die im Rahmen des Jenaer DFG-Forschungsprojekts ›Handlungsautonomie in der Spätmoderne – subjektiver Anspruch, institutionelle Basis und strukturelle Dynamik einer normativen Leitidee‹ (Leitung: Prof. Dr. Hartmut Rosa) zwischen 2014 und 2015 erhoben wurden. Insgesamt wurden im Verlauf des Forschungsprojekts 40 leitfadengestützte Interviews mit Akteuren in unterschiedlichen sozialen Feldern (Arbeit, Wissenschaft, Konsum, Politik, Medien, Wohlfahrtsstaat) und verschiedenen sozialen Positionen (Elite, Basis, Prekarisierte) geführt.

Die Erhebungsmethode problemzentrierter Interviews stellt einen Kompromiss dar zwischen narrativen Interviews, die darauf zielen, den Alltagshandelnden die Möglichkeit geben, tatsächlich von den für sie selbst relevanten Dingen zu berichten, und strukturierten Interviewten, die es ermöglichen, Themen und Orientierungen anzusteuern, die für das Verständnis des Feldes von Bedeutung sind (vgl. ebd.; siehe auch den Forschungsantrag ›Handlungsautonomie in der Spätmoderne‹, S. 7f.). In den Interviews wurde durch einen offenen Erzähleinstieg zunächst eine biographische Erzählung angeregt, anschließend wurden externe Nachfragen gestellt, um nachvollziehen zu können, auf welche Weise die unterschiedlichen Facetten der Selbstbestimmungsidee für die Interviewten in den unterschiedlichen sozialen Feldern von Bedeutung sind. Die rund einstündigen Interviews wurden wörtlich – aber nicht lautsprachlich – vollständig schriftlich transkribiert und anonymisiert.

Im Rahmen der Arbeit wurden zehn Interviews mit Menschen in prekären Arbeits- und Lebenslagen für die empirische Analyse genutzt, wobei die einzelnen Interviewten als Leiharbeiter, Solo-Selbstständige, ›Aufstocker/innen‹ und Langzeitarbeitslose typische Formen von Prekarisierung (siehe Kapitel 3.1) abbilden. Das Auswertungsverfahren wurde im Rahmen des DFG-Forschungsprojekts zusammen mit André Stiegler und Dr. Stefanie Börner entwickelt; die Analysen dieser Arbeit schließen an die gemeinsame Interpretation des Interviewmaterials an.

5.2 Interviewauswertung und Typenbildung

Die Interviewauswertung hat sich insbesondere an den Überlegungen Nohls (2012) zur Interpretation (narrativer) Interviews mittels dokumentarischer Methode orientiert und wurde mittels MAXQDA durchgeführt. In einem ersten Analyseschritt wurden die gesamten Interviews in thematische Abschnitte (Ober- und Unterthemen) gegliedert, die dem manifesten Objektsinn nach jeweils eine Sinneinheit bilden. Die Themen wurden in MAXQDA codiert, wobei die Zuordnung der Codes dabei sowohl theoriegeleitet entlang der ideengeschichtlich differenzierten Autonomiefacetten, als auch induktiv entsprechend im Material auftauchender Themen erfolgte. Im Sinne der nach dem inhaltlichen ›Was‹ fragenden formulierenden Interpretation wurde anschließend der immanente Objektsinn der einzelnen thematischen Abschnitte detailliert zusammengefasst. Dabei wurde versucht, dem Relevanzsystem der Interviewten Rechnung zu tragen; einzelne unklare, nicht eindeutig übersetzbare Äußerungen wurden als direkte Zitate übernommen. Deutungen und Kontextualisierungen blieben in diesem Analyseschritt außen vor. Einzelne Ansätze für die weitergehende Interpretation der einzelnen Fälle und Ideen zu sich abzeichnenden Typen wurden jedoch parallel in Memos festgehalten.

In Vorbereitung auf die reflektierende Interpretation wurden anschließend neben der Eingangserzählung Sequenzen ausgewählt, die aufgrund ihres manifesten Inhalts, sprachlicher Besonderheiten wie Fokussierungsmetaphern oder ihrer formalen Textform für die Auswertung interessant erschienen. In der reflektierenden Interpretation wurde dann der Blick auf den impliziten Dokumentsinn der ausgewählten Sequenzen gerichtet. Um sich den Orientierungsrahmen und -schemata anzunähern, wurde zunächst die genaue formale Struktur bestimmt. Als formale Textsorten werden Erzählungen, Beschreibungen, Argumentationen und Begründungen (vgl. F. Schütze in Nohl 2006: 20ff.) unterschieden. Diese Unterscheidung ist von Bedeutung, da sich implizite Orientierungen vor allem in Erzählungen – und eingeschränkt in Beschreibungen - rekonstruieren lassen, und explizite Ansprüche und Positionierungen vor allem in Argumentationen und Begründungen zum Ausdruck kommen.

Nach der formalen Interpretation wurde der Blick auf die semantische Ebene des Textes gerichtet. Zunächst wurden positive und negative Gegenhorizonte identifiziert, d.h. es wurde untersucht, zu welchen Idealen eine Sinneinheit hinstrebt, bzw. von welchen Figuren sie sich abgrenzt. Identifizierte positive wie negative Gegenhorizonte, Orientierungsschemata und -rahmen sowie Enaktierungspotenziale wurden ebenfalls in MAXQDA codiert. Um die rekonstruierten Sinnstrukturen verallgemeinern und von den Einzelfällen abstrahieren zu können, wurden anschließend Fällte miteinander verglichen, in dem das verhandelte Thema auf strukturähnliche (minimal kontrastiver Vergleich) bzw. auf differierende Weise verhandelt wird (maximal kontrastiver Vergleich).

Die nun rekonstruierten Orientierungsmuster wurden anschließend zu einer mehrdimensionalen Typologie verdichtet und aufgezeigt, welche voneinander abgrenzbaren Möglichkeiten der subjektiven Aneignung und handlungspraktischen Bearbeitung der gesellschaftlichen Autonomieanforderungen auffindbar sind. Weil auf Grundlage der fokussierten Interviews eine nach der milieuspezifischen Genese unterschiedlicher Orientierungen fragende soziogenetische Typenbildung nicht möglich erschien, wurden dabei im Sinne Nohls (2013b) Vorschlag zur Bildung relationaler Typologien herausgearbeitet, wie Orientierungen und Praktiken, die in unterschiedlichen Dimensionen verortet sind, miteinander zusammenhängen. Entsprechend des Forschungsinteresses der Arbeit wurde nach typischen Zusammenhängen zwischen bestimmten Orientierungsschemata (Wahrnehmung von Autonomieanforderungen), Orientierungsrahmen (subjektive Autonomieansprüche), Enaktierungspotenzialen (Handlungsspielräumen) und der alltäglichen Handlungspraxis gefragt.[42]

---

42 Es sei an dieser Stelle angemerkt, dass der im sozialtheoretischen Kapitel hergeleitete Anspruch der empirischen Untersuchung, mittels dokumentarischer Methode nicht nur die expliziten Autonomieansprüche und reflexiven Deutungen der Interviewten zu analysieren, sondern auch die impliziten Orientierungen zu rekonstruieren, im Rahmen dieser Arbeit auf Grundlage des empirischen Materials nur in Ansätzen eingelöst werden konnte. Weil die Interviews im Hinblick auf das Forschungsinteresse des DFG-Projekts ›Handlungsautonomie in der Spätmoderne‹ darauf gezielt haben, den Stellenwert der zuvor unterschiedenen

Autonomiefacetten in sechs verschiedenen sozialen Feldern zu untersuchen und deswegen mittels einer leitfadengestützten Interviewführung die Einschätzungen und Deutungen der Interviewten gezielt angesteuert wurden, bewegt sich ein Großteil des Interviewmaterials auf der Ebene von Argumentationen, Begründungen und Beschreibungen; die für die Fallrekonstruktionen und den Zugriff auf implizite Orientierungen besonders aufschlussreichen (biographischen) Erzählungen nehmen in den Interviews eher weniger Raum ein.

Weiterhin hat es sich als schwierig erwiesen, in der empirischen Analyse sowohl die vorhandenen Handlungsspielräume (›individuelles Können‹) als auch die Alltagspraxis (›praktisches Handeln‹) zu rekonstruieren; die Abgrenzung zwischen theoretischen Enaktierungspotenzialen und der praktischen Enaktierung war in vielen Fällen kaum möglich.

Um tatsächlich das Verhältnis von subjektiv reflektierten wie latenten gesellschaftlichen Anforderungen (›gesellschaftliches Sollen‹), expliziten wie impliziten subjektiven Ansprüchen (›subjektives Wollen‹), individuellen Handlungsspielräumen (›individuelles Können‹) und der realen Alltagspraxis (›praktisches Handeln‹) rekonstruieren und den Einzelfall in seiner gesamten Struktur begreifen zu können, könnten sich offenere Erhebungsmethoden wie narrative Interviews und biographieanalytische Ansätze (vgl. Schütze 1983; Rosenthal 2008: 161ff.) als fruchtbar erweisen.

6. Empirische Einsichten

Vor dem Hintergrund der im gesellschaftstheoretischen Teil diskutierten Zeitdiagnosen zur neuen und ambivalenten Bedeutung von Autonomie in Arbeitswelt und Sozialstaat des flexiblen Kapitalismus ist es Anliegen der empirischen Untersuchung dieser Arbeit einen Beitrag zu der Frage leisten, in welchen Wendungen Autonomie – in ihren unterschiedlichen im ideengeschichtlichen Teil der Arbeit differenzierten Wendungen – für Prekarisierte handlungsleitende Bedeutung besitzt. In der folgenden Darstellung der empirischen Analyse soll in einem ersten Schritt dargestellt werden, auf welche Weise Menschen in prekären Arbeits- und Lebensverhältnissen Autonomie als eine äußere Erwartung wahrnehmen und ihre eigenen Lebensentwürfe an Selbstbestimmungsidealen orientieren (Kapitel 6.1). Anschließend werden die in der empirischen Analyse rekonstruierten Muster des alltagspraktischen Umgangs mit äußeren Autonomieanforderungen und eigenen Selbstbestimmungsansprüchen dargestellt (Kapitel 6.2). Mittels der im sozialtheoretischen Teil der Arbeit entwickelten Heuristik zur Analyse zeitgenössischer Subjektivität soll dabei gezeigt werden, wie Prekarisierte mögliche Differenzen zwischen Autonomieanforderungen (›gesellschaftliches Sollen‹) und Autonomieansprüchen (›subjektives Wollen‹) vor dem Hintergrund begrenzter Handlungsspielräume (›individuelles Können‹) alltagspraktisch bearbeiten (›praktisches Handeln‹).

6.1 Alltagsweltliche Selbstbestimmungsvorstellungen

Ziel des folgenden ersten Kapitels des empirischen Teils ist es also, ein erstes deskriptives Bild alltagsweltlicher Autonomievorstellungen zu umreißen. Die von den Interviewten artikulierten Autonomievorstellungen werden dabei in diesem Darstellungsschritt weder systematisch im Kontext der jeweiligen Fallstruktur betrachtet, noch wird typischen Zusammenhängen oder Verwandtschaften zwischen unterschiedlichen Alltagsvorstellungen nachgegangen. Anliegen dieses ersten empirischen Kapitels ist es schlicht nachzuzeichnen, auf welche Weisen die im ideengeschichtlichen Teil der Arbeit differenzierten Wendungen der Selbstbestimmungsidee (siehe Kapitel 2.2.) für die interviewten Alltagshandelnden überhaupt von Bedeutung sind.[43]

Da in den Interviews mehr oder weniger direkt nach bestimmten Autonomievorstellungen gefragt wurde, haben die Interviewten ihre Antworten meist im Modus der Argumentation und Beschreibung vorgetragen. Auf Grundlage dieses Materials können deswegen in erster Linie die expliziten, den Alltagshandelnden selbst reflexiv verfügbaren Autonomievorstellungen rekonstruiert werden; latente, implizit auf Selbstbestimmung ausgerichtete Ansprüche und Alltagsorientierungen konnten nur in Einzelfällen, auf Grundlage von einzelnen Sequenzen, in denen die Interviewten von Ihren Erfahrungen *erzählt* haben, rekonstruiert werden.

6.1.1 Ethische Autonomie

Die Idee der ethischen Autonomie taucht in den Interviews sowohl als expliziter, als auch impliziter subjektiver Anspruch auf, und dokumentiert sich dabei vor allem in dem vielfach handlungsleitenden Wunsch nach authentischer – und oftmals beruflicher – Selbstverwirklichung. Insbesondere Interviewte, die in sozialen, kreativen und akademischen Berufsfeldern tätig sind, begründen – in Übereinstimmung mit den Befunden von Andrea Bührmann (2010, 2012b: 143) – ihre Bildungs- und Berufsentscheidungen im Rekurs auf innere Neigungen, vorhandene Begabungen und den Anspruch der authentischen Selbstverwirklichung:

---

43 Die Darstellung in diesem ersten empirischen Kapitel beruht also auf der Rekonstruktion der Orientierungsschemata und -rahmen; die unterschiedlichen alltagsweltlichen Autonomievorstellungen wurden in diesem Analyseschritt subsumtionslogisch den im ideengeschichtlichen Teil der Arbeit differenzierten Autonomiefacetten zugeordnet. Die in der relationalen Typenbildung herausgearbeiteten typischen Zusammenhänge zwischen unterschiedlichen Orientierungen, Enaktierungspotenzialen (Handlungsspielräumen) und Alltagspraktiken werden erst im zweiten empirischen Teil (Kapitel 6.2) dargestellt.

So berichtet beispielsweise *Frau Parsson*[44], die seit einigen Jahren Sozialleistungen nach dem SGB II bezieht und gegenwärtig ein Exposé für ihre angestrebte Dissertation verfasst, dass sie ihrer Tätigkeit in einem kaufmännischen Beruf nicht länger nachgehen wollte, weil das *»sehr trocken und mit wenig Menschenkontakt [war]. Und das hat mir einfach auch nicht so gelegen«* (P43: 1).[45] Der Anspruch, einer Tätigkeit nachzugehen, die den eigenen Neigungen entspricht, artikuliert sich auch in den Ausführungen von *Frau Schneider*, die derzeit versucht, sich eine Existenz als Solo-Selbstständige in der Kreativwirtschaft aufzubauen. So begründet sie die einige Jahre zurückliegende Entscheidung, ihre Tätigkeit als abhängig beschäftigte Bildbearbeiterin aufzugeben und ein künstlerisches Studium zu beginnen, folgendermaßen:

Habe ein Jahr mit [einem Fotografen] zusammengearbeitet und auch [...] natürlich die alltäglichen Abläufe kennengelernt. Daher kam es, dass [die Arbeit] nicht meine Richtung sein kann, weil es da auch darum ging [eine bestimmte Tätigkeit auszuüben]. Dass hätte ich nicht übers Herz gebracht. Also dachte ich mir: nein, das mache ich nicht. Würde ich lieber meinen künstlerischen Neigungen so ein bisschen nachgehen wollen und habe mich [an einer Kunsthochschule] beworben. (P46: 1)

Sehr deutlich dokumentiert sich hier der Anspruch von *Frau Schneider*, eine berufliche Tätigkeit auszuüben, die mit ihren eigenen Bedürfnissen und Vorstellungen in Einklang steht. Den Lebensunterhalt durch eine Arbeit zu sichern, die ihrer eigenen Persönlichkeit widerspricht, scheint für sie nicht in Frage zu kommen. Und auch *Frau Voß*, die als ›Aufstockerin‹ Leistungen nach dem SGB II bezieht, erklärt ihre Entscheidung, ihren Berufsweg als Lehrerin nach dem Referendariat abzubrechen, mit der Nichtpassung von beruflichen Anforderungen und eigener Persönlichkeit:

---

44 Die Anfangsbuchstaben der verwendeten Pseudonyme stehen für die Zuordnung des Falles zu einen der vier Typen (siehe Kapitel 6.2)

45 Die Quellenangaben der zitierten Interviewsequenzen verweisen auf das jeweilige Interview sowie, da in MAXQDA nicht mit Zeilen- sondern mit Absatz- bzw. Oberthemanummerierungen gearbeitet wurden, den Absatz.

Ganz viel in der Schule läuft über Strafen und Sanktionsandrohungen
in der Art. Schlechte Noten oder, was weiß ich, wenn man ein autori-
tärer Typ ist: anbrüllen. [...] Und ich sah mich nicht in der Rolle das
zu machen. [...] Also ich denke, es gibt gute Lehrer, geborene Lehrer,
die das gerne machen und Leute mitziehen und mitreißen können. Und
das bin ich nicht so sehr, dass ich sagen würde, okay das nehme ich in
Kauf und versuche das Beste daraus zu machen. (P38: 8)

Wenn *Frau Voß* argumentiert, dass es ›*geborene Lehrer*‹ gebe und
nahelegt, dass man innerhalb des gegenwärtigen Schulsystems ein
›*autoritärer Typ*‹ sein müsse, um die beruflichen Anforderungen
ausfüllen zu können, deutet sich dabei die im ideengeschichtlichen
Kapitel mit Herder (2013[1820]) eingeführte Idee eines nach Entfaltung strebenden ›inneren Wesenskerns‹ an; und es scheint sich der
Anspruch zu dokumentieren, im Sinne ›authentischer Selbstverwirklichung‹ in Übereinstimmung mit den inneren Neigungen, Begabungen
und Bedürfnissen zu handeln (siehe Kapitel 2.2.1, S. 14). Eine gute
Lehrerin sein zu können, scheint für *Frau Voß* weniger an erlern- und
entwickelbare Fähigkeiten, als an mitgebrachte, eben ›angeborene‹
Neigungen oder Begabungen geknüpft zu sein. Das romantische Ideal
eines Lebens in Einklang mit einer ›inneren Bestimmung‹ und die
Verwirklichung der eigenen, vorausgesetzten Persönlichkeit deuten
sich hier als Maßstab für eine geglückte berufliche Tätigkeit und ein
erfülltes Leben an.

Dass sich aus dem Anspruch der authentischen (beruflichen)
Selbstverwirklichung die praktische Anforderung ergibt, sich selbst zu
erforschen und die eigenen Begabungen, Neigungen und Wünsche zu
kennen (vgl. Rosa 2010: 203), wird auch von den interviewten Alltagshandelnden thematisiert. So begreift etwa *Herr Veilchen*, der
ebenfalls seit einigen Jahren ALG-II bezieht, Selbstkenntnis als die
grundlegende Voraussetzung von Selbstbestimmung. Er argumentiert:
»*Jeder Mensch sollte also über sich selbst Bescheid wissen, sollte sich*
selbst kennen, als Grundlage für ein selbstbestimmtes Leben. Das ist
erst einmal die erste Grundvoraussetzung.« (P34: 22.)

Selbstkenntnis und die Möglichkeit, die eigenen Fähigkeiten und
Neigungen entfalten zu können, sind jedoch – wie sich etwa in den
folgenden Überlegungen von *Frau Schneider* zur Erziehung ihrer
Kinder zeigt – nicht für alle Alltagshandelnden nur subjektiver Anspruch und ein Wert an sich, sondern werden durchaus auch als gesellschaftliche Anforderungen wahrgenommen. So begründet *Frau*
Schneider die Entscheidung, ihre Kinder in einen freien Kindergarten

zu schicken, zwar zunächst mit ihrem eigenen Wunsch, ihren Kindern möglichst großen Spielraum zur freien Selbstentfaltung zu ermöglichen:

> *Und hier dieser Kindergarten ist eben offen. [...]. Es gibt Angebote die man annehmen kann, aber nicht muss, je nach Interessenslage, und dass die eben richtig die Stärken fördern von den Kindern. Dass die sagen: ja klar, malt lieber und jetzt geht sie halt zum Malen. Und Sport liegt ihr jetzt nicht so. Und dann heißt das nicht: wir gehen jetzt alle basteln, wir gehen jetzt alle zum Sport, sondern die Kinder können das selber entscheiden. Und diese Selbstentscheidung, die finde ich total wichtig in der heutigen Gesellschaft. Das man von früh an lernt zu spüren, was will ich, was kann ich, wo sind meine Stärken [...] und irgendwie für die Selbstständigkeit. [...] Und die selbstständigen Arbeiten fördern. Und fortführend haben wir jetzt eine Schule auch gefunden, wo das eben auch so ist, dass mein Kind sich selbstständig in der Freiarbeit auch bewegen kann und seinen Stärken nachgeht. Ich finde das total wichtig, dass man eben nicht das fördert, was sowieso nicht angelegt ist. [...] Und ja, dass man auf allen Gebieten alles leisten muss, finde ich irgendwie auf diese Gesellschaft nicht zugeschnitten, sondern man muss schon Spezialist werden, denke ich mal in Zukunft, oder auch jetzt schon, dass man sagt, man hat sein Spezialgebiet und das macht man dann.* (P46: 21–22)

In dieser Sequenz deutet sich an, dass der Anspruch von *Frau Schneider*, die Kinder in ihren Fähigkeiten zur ›*Selbstentscheidung*‹ und ›*Selbständigkeit*‹ zu stärken[46], durchaus (auch) als eine Reaktion auf gesellschaftliche Erfordernisse gelesen werden kann: Denn ganz deutlich begreift Frau Schneider den pädagogischen Ansatz, die Kinder in ihren bereits angelegten Begabungen und Stärken zu fördern, als eine vielversprechende Strategie, um innerhalb der gegenwärtigen und zukünftigen gesellschaftlichen Situation erfolgreich zu bestehen. Authentisch die eigenen Stärken und Neigungen entfalten und entwickeln zu können, erscheint hier als das auf die gegenwärtige Gesell-

---

46 Hier deutet sich zudem an, dass *Frau Schneider* den Anspruch ethischer Autonomie im Sinne authentischer Selbstentfaltung mit der Idee eigenverantwortlicher Selbststeuerung verbindet. Siehe dazu ausführlicher die Überlegungen zu den alltagsweltlichen Eigenverantwortungsvorstellungen (Kapitel 6.1.6) sowie die anschließende Darstellung dieses Falls im Rahmen der Vorstellung der entwickelten relationalen Typologie (Kapitel 6.2.2).

schaft ›zugeschnittene‹ Entwicklungsmodell. Der subjektive Autonomieanspruch authentischer Selbstentfaltung und gesellschaftliche Erfordernisse scheinen hier ineinanderzugreifen.

Während die interviewten Alltagshandelnden die Idee ethischer Autonomie inhaltlich oftmals – wie nun andeutungsweise skizziert – mit dem Anspruch der authentischen Verwirklichung eines vorgestellten ›inneren Wesenskerns‹ füllen, scheinen die in der philosophischen Debatte präferierten Ansätze, die ethische Autonomie im Sinne ›voluntaristischer Selbstformung‹ (siehe Kapitel 2.2.1, S. 16) oder ›relationaler Autonomie‹ denken (siehe Kapitel 2.2.1, S. 17), in den Alltagsvorstellungen zumindest der von uns interviewten Prekarisierten kaum eine Rolle zu spielen. Der Anspruch auf ethische Autonomie wird also inhaltlich vor allem mit der Vorstellung der authentischen Entfaltung einer vorausgesetzten Persönlichkeit gefüllt und weniger mit der Möglichkeit verbunden, das eigene Selbst kreativ oder willentlich modellieren zu können. Dass die Vorstellung eines ›inneren Wesenskerns‹ und einer authentischen Selbstentfaltung in der philosophischen Debatte mit guten Gründen als essentialisierend kritisiert und problematisiert wurde (siehe Kapitel 2.2.1, S. 15), ändert jedoch nichts daran, dass – wie auch Rahel Jaeggi argumentiert (2005: 64ff.) – der vielfach artikulierte Anspruch auf authentische Selbstentfaltung der eigenen vorausgesetzten Persönlichkeit als kulturwirksame und für die Selbstdeutungen der Alltagshandelnden relevante Vorstellung soziologisch zu reflektieren ist.

6.1.2 Moralische Autonomie

Wenngleich die interviewten Prekarisierten die Idee der moralischen Autonomie nicht direkt im Sinne der kantschen Überlegungen zur moralischen Selbstgesetzgebung ausbuchstabieren, tauchen in den Interviews doch alltagsweltliche Autonomievorstellungen auf, die – in mehr oder weniger starker Weise – auf den Anspruch einer Selbstbestimmung im Sinne eines den eigenen (moralischen) Überzeugungen und allgemeinen Prinzipien Treu-Bleibens rekurrieren:

Gefragt nach ihrem Verständnis von Autonomie, argumentiert beispielsweise Frau Vahlen, ebenfalls ALG-II Bezieherin: »*Es gibt Menschen, die dann eben gezwungen sind, [etwas] zu machen, obwohl sie es nicht wollen. Und, ja genau, das ist keine Selbstbestimmung. Was zu machen, was man von seinem Gewissen eigentlich nicht vereinbaren kann, aber muss aus Sachzwängen heraus. Das ist für mich dann keine Selbstbestimmung mehr.*« (P39: 27) Konkret dokumentiert sich der Anspruch von Frau Vahlen, den eigenen Überzeugungen und dem eigenen Gewissen entsprechend zu handeln, beispielsweise in ihrer Weigerung, als Erzieherin auf eine Weise tätig zu sein, die ihren Vorstellungen guter Arbeit und aufgeklärter Pädagogik widerspricht: *»Kindergarten will ich nicht nochmal. [...] Ich glaube [ich] war eine gute Erzieherin [...] und es hat auch Spaß gemacht eine Zeit lang. [...] Aber so diese normalen Kindergärten, das ist nichts. [...] Da konnte ich nicht so arbeiten wie ich mir das vorgestellt habe.«* (P39: 2) Dabei berichtet sie von Anweisungen und Vorgaben, denen sie sich wiedersetzt hat, weil sie ihr nicht sinnhaft erscheinen:

> *Sie [die Vorgesetzte] hat dann immer gesagt: [...] Du musst das Kind umziehen. Und dann habe ich gesagt: wieso muss ich das Kind umziehen, das hat einen Fleck auf dem T-Shirt, das ist nicht nass. [...] Die wollte, dass ich die Kinder fünf Mal am Tag umziehe und das sind einfach so Sachen, die ich nicht eingesehen habe. Ich sage, [...] okay bei so ein paar Sachen macht man immer mit und man muss sich immer irgendwie, wie soll ich sagen, so ein bisschen einfügen. Und das habe ich auch gemacht. Aber so ein paar Sachen, die ich einfach nicht einsehe, die mache ich dann auch einfach nicht.* (P39: 3)

Auch wenn *Frau Vahlen* grundsätzlich bereit ist, sich ›einzufügen‹ und sich an vorhandene Anforderungen anzupassen, scheint es für sie nicht in Frage zu kommen, Tätigkeiten auszuführen, deren Notwendigkeit sie grundsätzlich nicht einsieht und die ihren Überzeugungen zuwiderlaufen. Ihrer Selbstdarstellung entsprechend wurde sie schließlich, eben weil sie nicht bereit war entgegen ›ihres Gewissens‹ zu handeln, gekündigt: *»Und na ja, dann habe aber ich in einem Kindergarten, da wurde ich gekündigt, weil ich halt auch meinen Mund nicht so richtig halten konnte.«* (P39: 1) *Frau Vahlen* bleibt ihren eigenen Prinzipien – es ließe sich behaupten: ihren selbstgegebenen Gesetzen – treu, und nimmt dafür auch persönliche Nachteile in Kauf.[47]

---

47 Genaugenommen ist bei der angeführten Sequenz unklar, ob *Frau Vahlen* ihre eigenen Überzeugungen im Sinne vernünftig begründbarer und verallgemeinerbarer Maximen versteht, oder ob es sich um persönliche Vorlieben und nicht weiter begründbare partikulare Präferenzen handelt. Nur im ersten Falle ist es haltbar, hier wie vorgeschlagen, ein Moment moralisch-autonomen Handelns zu erkennen. Andernfalls wäre der Anspruch, im Beruf die eigenen Vorstellungen

Weiterhin zeigt sich, dass sogar in Bereichen, in denen gemeinhin wenig Spielraum für individuelle Selbstbestimmung zu vermuten ist, die Idee moralischer Autonomie eine handlungsrelevante Bedeutung zu haben scheint. So berichtet etwa *Herr Pohl*, der ebenfalls seit langem im ALG-II Bezug lebt, dass er während seines Militärdienstes nur Anweisungen gefolgt sei, deren Vernünftigkeit er einsehen konnte: *»Und selbst beim Militär habe ich Sachen, die ich eingesehen habe, auch wirklich so gemacht, wie sie sein sollten. Und wenn mir etwas quer lief, dann habe ich mich halt beschwert und bin mit den Beschwerden auch eigentlich immer durchgekommen.«* (P33: 32) Es deutet sich an, dass in hierarchisch-autoritären Organisationen und innerhalb von Strukturen, in denen persönliche Autonomie gerade kein Raum gegeben wird, es gerade der Anspruch auf moralische Autonomie ist, der den Einzelnen die Möglichkeit gibt, sich Anforderungen und Zwängen zu verweigern, die im Widerspruch zu den eigenen Handlungsmaximen stehen.

Der Anspruch auf moralische Autonomie wird jedoch nicht nur in Zwangskontexten artikuliert, sondern taucht andersherum auch in Bereichen auf, in denen der/dem Einzelnen gerade keinerlei Vorgaben gemacht werden: So könnte sich die von einigen Interviewten artikulierte Absicht ethisch und nachhaltig zu konsumieren, als ein mit der Idee moralisch-autonomen Handelns verbundener Anspruch verstehen lassen. So argumentiert wiederum *Frau Vahlen*:

> *Wenn alle so konsumieren würden wie ich, wäre schon alles ein bisschen leichter. [...] Aber jetzt weil ich mir halt eigentlich möglichst nichts kaufe, [...] weil ich das irgendwie giftig finde bei H&M einkaufen zu gehen, da frage ich lieber meine Freundin, ob die noch eine Hose übrig hat.* (P39: 23)

In diesen Überlegungen zur Möglichkeit eines ethischen Konsums scheint insofern die Vorstellung eines moralisch autonomen Handelns auf, als dass sich *Frau Vahlen* den Anspruch auferlegt hat, ihr Handeln entsprechend verallgemeinerbarer Maximen auszurichten: Exzessiven Konsum lehnt sie nicht aufgrund persönlicher Vorlieben ab, sondern auf Basis von vernünftig herleitbaren und verallgemeinerbaren Gründen. Indem sie ihren Konsum weitestgehend einschränkt,

---

guter Arbeit verwirklichen zu können, eher als Ausdruck des Wunsches nach ethischer Autonomie zu lesen.

handelt sie auf eine Weise, die es – sofern andere ebenfalls so handeln würden – »*alles ein bisschen leichter*« machen würde. Ethisch zu konsumieren heißt für *Frau Vahlen*, in Übereinstimmung mit vernünftig begründbaren, verallgemeinerbaren Maximen zu handeln und lässt sich deswegen durchaus im Sinne moralisch-autonomen Handelns begreifen, wie es im ideengeschichtlichen Kapitel bestimmt wurde (siehe Kapitel 2.2.2).

Wie diese exemplarischen Sequenzen zeigen, taucht die Idee moralischer Autonomie in der Alltagswelt zum einen im Anspruch des ethischen Konsums auf, und spielt zum anderen eine Rolle, wenn sich Alltagshandelnde mit Verweis auf allgemeine Werte, Überzeugungen und selbstgesetzte Handlungsmaximen äußeren Anforderungen und Zwängen widersetzen. Wie von Honneth (2011: 221) beschrieben, ermöglicht moralische Autonomie den Alltagshandelnden, bestimmte Zustände und »Handlungszumutungen unter Verweis auf rechtfertigende Gründe abzulehnen« (siehe Kapitel 2.2.2, S. 21).

6.1.3 Privatautonomie

Die Idee der Privatautonomie ist für viele der interviewten Prekarisierten ein handlungsleitender Anspruch und dokumentiert sich u.a. in der Ablehnung von wohlfahrtsstaatlichen Bevormundungen, Zwangsmaßnahmen und Eingriffen in die Privatsphäre, der Skepsis gegenüber Neuen Medien und der Sorge um die informationelle Selbstbestimmung, sowie in dem Verlangen, selbst über die Art der eigenen Lebensführung entscheiden zu können.

Explizit gefragt nach seinem Verständnis von ›Selbstbestimmung‹, verweist *Herr Gustav*, Leiharbeiter, auf die Möglichkeit, die eigenen Lebensstil- und Ernährungsentscheidungen frei von äußeren Vorgaben treffen zu können.

> *Ich bin immer noch Mensch und kann selbst entscheiden, was ich tu. Ich entscheide selber, was ich esse, was ich trinke, ob ich rauche. Was für Genussmittel ich nehme, das entscheide ich selber. Das soll auch so bleiben, dass das jeder selber für sich entscheidet, und wenn er sich ungesund ernährt, ja dann ist er ja selber schuld. [...] Ja, weil ich bin [...] dafür selbstverantwortlich, was ich meinem Körper antue oder auch nicht. Oder ob ich in den Supermarkt gehe und mir ein Essen kaufe oder mir mein Abendbrot bei McDonalds kaufe [...] Zum Großteil kann man ja selbst bestimmen. Arbeit und Freizeit. Ich kann ja von heute auf morgen kündigen und sagen, ich bleibe jetzt zuhause und*

will nicht mehr arbeiten. Das kann ja jeder selbst für sich entscheiden. Mir schreibt ja keiner vor, wann ich ins Bett zu gehen habe oder so. Oder ob ich drei Tage durchmache. Das interessiert ja keinen. Ich entscheide das selbst. Ich denke, das ist auch wichtig, dass man seine Freiheiten hat und selbst entscheiden kann, was man tut. Es wäre schlimm, wenn alles vorgeschrieben wäre. [...] Nein, ich denke, jeder kann das selbst entscheiden und sollte sich seine Freiheiten nehmen und selbst entscheiden, was er macht. Da ist jeder für sich selbst verantwortlich. (P42: 34-35)

Durchaus im Sinne der im ideengeschichtlichen Teil der Arbeit diskutierten Idee negativer Freiheit (siehe Kapitel 2.2.3, S. 22), verbindet *Herr Gustav* Selbstbestimmung mit der Möglichkeit, ein Leben frei von äußeren Vorgaben und Eingriffen führen und nur sich selbst gegenüber verantwortlich zu sein. Die sich hier andeutende Idee der Selbstverantwortung scheint dabei im Unterschied zur oben diskutierten gemeinschaftsverträglichen ›Eigenverantwortung‹ (siehe Kapitel 2.2.6, S. 29) tatsächlich nur auf das eigene Selbst bezogen zu sein. Der artikulierte Anspruch freie Konsumentscheidungen zu treffen unterscheidet sich von der Idee des ethischen Konsums, weil es *Herrn Gustav* gerade nicht um die Frage des moralisch richtigen Handelns, sondern um das Ausleben der eigenen Präferenzen und Geschmäcker geht. Für *Herrn Gustav* muss der/die Einzelne mit den subjektiven Folgen des eigenen Lebensstils und der eigenen Entscheidungen leben, ist jedoch nicht verpflichtet, verantwortlich im Sinne bestimmter verallgemeinerbarer Prinzipien oder des Allgemeinwohls zu handeln.

Dass nun der hier artikulierte Anspruch auf Privatautonomie im Zuge des wohlfahrtsstaatlichen Umbaus unter Druck geraten ist und gerade Leistungsempfänger/innen Mühe haben, Privates gegen sozialstaatliche Institutionen zu verteidigen (siehe Kapitel 2.1, S. 11), zeigt sich in den Erfahrungen weiterer von uns interviewten ALG-II-Bezieher/innen: So berichtet etwa *Frau Vahlen*, dass ein Sachbearbeiter im Jobcenter »*eine ganze Liste [haben wollte] von meinen Mitbewohnern. Wer das ist, wie die heißen, was die für einen Beruf haben, wie alt die sind, wie viel Geld die verdienen*« (P39: 9). Weil der Anspruch auf Privatautonomie von *Frau Vahlen* von zentraler Bedeutung zu sein scheint, holt sie sich anwaltliche Beratung ein und widersetzt sich diesen Eingriffen in ihr Privatleben. Die Ablehnung äußerer Eingriffe in die Privatsphäre dokumentiert sich auch in der Erzählung von *Frau Pahlmann*, die von Versuchen der Caritas berichtet, Einfluss auf ihre private Lebensführung zu nehmen:

Und zwar gibt es so ein Projekt von der Caritas. Die standen dann vor dem Jobcenter und wollten mir eine Glühbirne geben. [..]. Und die wollten dann zu mir nach Hause kommen und wollten einen Energietest machen. Und ich habe dann gesagt: Nein, ich lasse Sie nicht in meine Wohnung. [...]. Die kommen rein, wollen gucken, wie oft Sie duschen, weiß der Kuckuck was. [...]Und das finde ich einfach einen Skandal. (P37: 28)

Sehr deutlich verteidigt *Frau Pahlmann* hier ihren Anspruch, ihren Lebensstil und ihren private Haushaltsführung im Sinne negativer Freiheit ohne äußere Bevormundung, Überwachung und Kontrolle selbst bestimmen zu können. Dass der Wunsch, die eigene Privatautonomie zu erhalten, für viele Interviewte handlungsrelevant ist, zeigt sich auch im Bericht von *Herrn Gehlen*, der ebenfalls derzeit als Leiharbeiter beschäftigt ist. Für ihn war nach einem Jobverlust der drohende Eingriff ins Private durch die Agentur für Arbeit ein zentraler Grund für den Entschluss, schnellstmöglich eine prekäre und für ihn nicht zufriedenstellende Beschäftigung aufzunehmen.

Interviewer: Und was haben Sie befürchtet, was passiert, wenn Sie zur ARGE gehen müssten? Herr Gehlen: Vermögensverhältnisse offenlegen. Interviewer: Okay. Und das war was, was Sie einfach nicht machen wollten. Herr Gehlen: Die können zwar alles essen, aber nicht alles wissen. (P41: 21)

Weil es für *Herrn Gehlen* – zumindest seiner expliziten Selbstdarstellung folgend – nicht verhandelbar ist, sein Vermögen offenzulegen, arrangiert er sich mit schlecht bezahlten und unsicheren Tätigkeiten, vermeidet so die Abhängigkeit von sozialstaatlichen Institutionen und umgeht den staatlichen Eingriffen ins Private.

Die Verteidigung der eigenen Privatautonomie wird jedoch für die interviewten Prekarisierten nicht nur im Kontext wohlfahrtsstaatlicher Interventionen und Kontrollmaßnahmen zum Problem, vielmehr dokumentiert sich in vielen Interviews auch ein erhebliches Unbehagen mit der Preisgabe persönlicher Daten im Zusammenhang mit der Nutzung neuer Medien. So möchte sich beispielsweise *Frau Parson* »*da auch im Internet nie so exponieren*«, und erklärt: »*Wenn ich privat irgendwas mache, möchte ich [nicht], dass da mein Name irgendwo drinsteht. Ich passe da auf. Wenn man meinen Namen googelt, dann ist da nichts zu holen.*« (P43: 17) Auch *Herr Veilchen* sorgt um die Einhaltung des Datenschutzes und verzichtet deswegen sogar weitestgehend auf die Nutzung neuer Medien:

> *Ja, wie gesagt, ich bin nicht auf Facebook. Ich bin nicht bei Twitter und ich bin auf keinem Blog. Das mache ich ganz einfach nicht. Facebook ist mir zu unkontrolliert. Selbst, wenn ich da gefühlt zwölf Millionen Möglichkeiten der Eingrenzung machen muss. Das ist mir viel zu aufwendig. [...] Ich habe zum Beispiel bei mir zuhause kein Internet. Wie gesagt, ich habe eine E-Mail-Adresse und gehe im Verein ins Internet.* (P34: 12)

Während der Verzicht oder die sehr zurückhaltende Nutzung neuer Medien in diesen Beispielen eher als Ausdruck eines individuell begründeten Bedürfnisses auf besonderen Schutz der eigenen Daten erscheint, geht ein *Herr Gustav* insofern noch etwas weiter, als dass er die Vorsicht und Skepsis gegenüber der Nutzung neuer Medien nicht nur im Sinne einer individuellen Befindlichkeit, sondern als allgemeinen normativen Imperativ formuliert:

> *Aber ich sage auch, man soll nicht zu viel preisgeben. Also, man ist da schon vorsichtig und hat [sich] aus ganz vielen Profilen rausgenommen, was man da so reingeschrieben hat. Und man sagt sich: ›Nee, soviel will ich gar nicht preisgeben.‹ Wer was von mir wissen will, der kann mich das auch gerne persönlich fragen. Und dann sollten das auch nur Leute sein, die ich kenne, weil es Fremde auch wirklich nichts angeht.* (P42: 24)

Exemplarisch zeigt sich in diesen einzelnen Sequenzen, dass der Anspruch auf Privatautonomie für viele Alltagshandelnde von zentraler Bedeutung ist und durchaus handlungsleitende Wirkung besitzt. Der Schutz vor willkürlichen Einschränkungen und Bevormunden wird dabei von den meisten Interviewten als eine wichtige Voraussetzung eines selbstbestimmten Lebens angesehen, jedoch nicht als eine hinreichende Bedingung von Selbstbestimmung betrachtet. Weiterhin deutet sich an – wie u.a. auch Krähnke (2007: 74) und Honneth (2011: 140) beobachten –, dass zum einen das Verlangen nach privater Autonomie durch verstärkte staatliche Zugriffe auf das Privatleben in Folge des neosozialen Umbaus des Sozialstaates bedroht ist (siehe Kapitel 3.2.3, S. 51), und zum anderen der Anspruch auf informationelle Selbstbestimmung und Datenschutz im Zuge der Entwicklung neuer Kommunikationsmittel und der Etablierung neuer Medien zunehmend unter Druck gerät (siehe Kapitel 2.2.3, S. 24).

6.1.4 Soziale Autonomie

Soziale Sicherheit wird von vielen Prekarisierten – naheliegender Weise gerade auch vor dem Hintergrund eigener Lebenserfahrungen – als zentrale Voraussetzung von Selbstbestimmung angesehen. Gefragt nach seiner Vorstellung eines selbstbestimmten Lebens, verweist etwa *Herr Gehlen* auf die Bedeutung materieller Ressourcen:

> *Selbstbestimmtes Leben? Ja, das ist eine schwierige Frage. Ich kann es ja mal mit Geld kombinieren. Ich sage mal, wenn man ein gewisses Quantum auf der Kante hat, hat mal ein schlauer Mann gesagt, muss man nicht zu jedem nett sein. Man muss sich nicht alles antun. Das, kann man sagen, ist eine gewisse Freiheit.* (P41: 29)

Während hier also schlicht die Verfügung über Geld als Ermöglichungsbedingung von individueller Autonomie und Freiheit erscheint, heben andere Interviewte die Bedeutung der staatlich garantierten sozialen und kulturellen Existenzsicherung hervor. So argumentiert *Frau Vahlen*:

> *Aber dieses Ressourcenorientierte irgendwie finde ich – dass jeder eine gute Schulausbildung kriegt, egal was die Eltern für einen Beruf haben oder nicht haben. Dass jeder, ja ein Recht auf medizinische Versorgung, auf Wohnraum [hat] [...]. Ja, es gibt ja auch so gewisse Rechte schon, die da für jeden sind, ja, aber das reicht mir nicht. Ich finde nur essen und schlafen, da kann man halt in der heutigen Gesellschaft auch nicht mehr. Und eine gewisse Bildung gehört da eben dazu und Aufklärung. Und wenn es da Kinder gibt, die das nicht haben, muss da, finde ich, dann der Staat eingreifen.* (P39: 26)

In Übereinstimmung mi der Idee sozialer Autonomie (siehe Kapitel 2.2.4, S. 25) verbindet Frau Vahlen die Möglichkeit individueller Selbstbestimmung mit der staatlichen Absicherung von Teilhabechancen und der Garantie sozialer Rechte. Dabei erkennt sie an, dass bestimmte soziale Rechte und Bildungsmöglichkeiten bereits etabliert sind, plädiert jedoch für mehr staatliche Interventionen, um den Einzelnen nicht nur eine materielle Mindestsicherung *(›essen und schlafen‹)*, sondern wirkliche soziale Teilhabe zu ermöglichen. Mit dem sich hier andeutenden Anspruch auf soziale Autonomie wendet sich *Frau Vahlen* jedoch nicht nur an den Staat, vielmehr ist es für sie auch von zentraler Bedeutung, einer beruflichen Tätigkeit nachzugehen, mit der sie verlässlich ihren Lebensunterhalt sichern kann: *»Ich habe* *schon Lust auf [den] sozialen Bereich, aber ich habe halt keinen Bock immer so prekär beschäftigt zu sein oder immer so wenig zu verdienen.«* (P39: 2) *Frau Vahlen* stellt ihren Anspruch guter Entlohnung und nicht-prekärer Beschäftigung über ihren Wunsch einer Tätigkeit im Bereich der sozialen Arbeit nachzugehen, in denen sie ihre Neigungen und Interessen verwirklichen kann.

Wie zentral soziale Sicherheit für die Verwirklichung individueller Autonomiespielräume ist, hat insbesondere *Frau Schmidt* erfahren, die einige Jahre in den USA gearbeitet hat und nach einer Erkrankung auf Grund des besser ausgebauten Sozialstaates nach Deutschland zurückgekehrt ist. Zunächst berichtet sie, dass sie ihren Wunsch eine Familie zu gründen in den USA vor dem Hintergrund ihres unsicheren Arbeitsverhältnisses und fehlender sicherer Planungshorizonte nicht realisieren wollte oder konnte:

> *Ich hatte zwar einen festen Job, aber es gibt in dem Sinne keine oder sehr, sehr wenige Jahresverträge oder irgendwelche längerfristigen Verträge. Es gibt halt eine 24-stündige Kündigungsfrist und die habe ich halt auch sehr oft so durchgesetzt gesehen. Ich musste selber Leute entlassen, habe viele meiner Freunde auch gehen sehen [...]Also sehr prekär und da wusste ich, (...) ja in Deutschland bin ich da so ein bisschen sichereren Seite [...] Also ich habe schon auch nach einer Weile gemerkt, nun ja, hier eine Familie gründen mit dem Sozialsystem ist schwierig.* (P36: 1)

Weiter hebt sie hervor, dass ihr insbesondere die fehlenden Planungshorizonte zu schaffen gemacht haben:*»Dann die Unsicherheit nicht zu wissen wie lange mein Arbeitsplatz dort sicher ist. (...) Und ja, so eine fehlende Zukunftsperspektive letztendlich.«* (P36: 3) Nachdem Frau Schmidt dann aufgrund eines Unfalls arbeitsunfähig war, ist sie zurück nach Deutschland gegangen und berichtet:

> *[Ich] bin da also schon so ein bisschen mit Bauchweh zurückgekommen, aber eigentlich auch mit der, mit so einer Grundsicherheit, ich werde nicht alleine gelassen. [...] Ich habe eben auch den, das Gegenteil oder ein anderes System in Amerika erlebt und weiß das auch sehr zu schätzen, wohin ich da jetzt zurückgekommen bin.* (P36: 1)

Während die meisten Prekarisierten materiellen Mangel und Planungsunsicherheit vor dem Hintergrund ihrer eigenen Lebenserfahrungen als Leiharbeiter, Solo-Selbstständige oder Transferleistungsempfänger/innen problematisieren (siehe Kapitel 3.1., S. 43), schätzt

Frau Schmidt vor dem Hintergrund des Vergleichshorizontes des amerikanischen Sozialsystems und Arbeitsmarktes die dann in Deutschland demgegenüber relativ ausgebaut erscheinenden sozialen Sicherungssysteme. Unabhängig dieser divergierenden Bewertung der gegenwärtigen Situation zeigen diese alltagsweltlichen Perspektiven, dass soziale Sicherheit im Sinne sozialer Teilhabe, materieller Absicherung und verlässlicher Planungshorizonte von den von uns interviewten Prekarisierten entsprechend der im ideengeschichtlichen Kapitel in Anschluss an von Marshall (2000), Waldron (1993) und Vobruba (2009) skizzierten Überlegungen zur sozialen Autonomie (siehe Kapitel 2.2.4, S. 24f.) als notwendige Voraussetzung persönlicher Selbstbestimmung wahrgenommen werden.

6.1.5 Politische Autonomie

Die Interviewten sehen die gegenwärtigen politischen Gestaltungsmöglichkeiten innerhalb der bestehenden demokratischen Institutionen fast ausnahmslos als sehr begrenzt an, formulieren – auf unterschiedliche Weise, aber in ähnlicher Stoßrichtung – den Anspruch auf mehr Möglichkeiten direkter politischer Mitbestimmung, und artikulieren teilweise den Wunsch nach einer grundlegenden politischen Neugestaltung der Gesellschaftsordnung.

Als Gründe für die Einengung politischer Gestaltungsspielräume führen die Interviewten den Einfluss ökonomischer Interessen (Lobbyismus), zunehmende Komplexität und die Entfremdung der Politik ›vom eigenen Volk‹ an: So beklagt etwa *Frau Parsson*:

> *Die Wirtschaft hat ja auch einen sehr großen Einfluss. Heutzutage die Ökonomisierung der Gesellschaft, ja? Dass eigentlich vieles nur noch unter diesem Gesichtspunkt gesehen wird und die Menschen teilweise außen vor bleiben. Und sich da nicht mehr so gesehen fühlen. Da wunder ich mich teilweise drüber, dass da nicht mehr Widerstand kommt. Aber wahrscheinlich haben die Leute dafür keine Zeit, weil sie so eingetaktet sind.* (P43: 27)

Weil wirtschaftliche Interessen die politischen Willensbildungs- und Gesetzgebungsprozesse dominieren und die Einzelnen in ihrem ›eingetakteten‹ Leben keine Zeit und Kapazitäten haben, sich dagegen zur Wehr zu setzen, schätzt *Frau Parsson* die politischen Gestaltungsspielräume als sehr gering ein. In ähnlicher Weise beobachtet auch *Frau Pohlmann* einen großen Einfluss von Wirtschaft und Lobbyismus auf die Politik und hat sich deswegen von der ›*Parteienpolitik*‹ weitestgehend verabschiedet:

> *Also das heißt, die haben bestimmte Lobbyisten und das Problem ist, das ist natürlich eine verkommene Politik finde ich. Und ich bin dann eher basisdemokratisch und setze auf die eigene Kraft und gucke mit Gleichgesinnten. Also ich setze nicht auf die Parteienpolitik, weil das ist ein hilfloses Unterfangen, denke ich. Und deswegen arbeite ich auch in Gewerkschaften und nicht außerhalb.* (P37: 16)

Anders als *Frau Parsson* scheint *Frau Pohlmann* die Welt jedoch grundsätzlich als gestaltbar zu begreifen, und setzt ihre Hoffnung auf Gewerkschaftspolitik sowie basisdemokratisches Engagement. *Frau Vahlen* erklärt die begrenzten politischen Gestaltungsspielräume innerhalb der parlamentarischen Demokratie wiederum nicht mit dem konkreten Einfluss einzelner Unternehmen und Lobbyisten, sondern sieht die Möglichkeiten politischer Selbstbestimmung innerhalb des Kapitalismus als grundsätzlich sehr eingeschränkt an:

> *Ich weiß gar nicht, ob die Politiker überhaupt noch so viel ausrichten können. Wenn man sich Marx oder irgendjemanden, dann bin ich dann eh dafür, dass das alles so Selbstläufer sind [...]. Das ist dann alles so Kapital und Kapitalismus und das, ich weiß nicht, was das für tolle Gesetze, also ja, klar man kann probieren irgendwie Gesetze die da entgegen wirken, aber ich sehe da nicht, dass das viel verändern würde oder viel helfen könnte.* (P39: 15)

Neben dieser auf unterschiedlichen Abstraktionsebenen formulierten Problematisierung einer Kolonialisierung der Politik durch die Ökonomie, setzen einige der Interviewten die aus ihrer Sicht begrenzten Gestaltungsmöglichkeiten der Politik in Zusammenhang mit der zunehmenden Komplexität politischer Probleme. So beobachtet *Frau Parson*, dass die Politik nur reaktiv auf auftauchende Probleme reagiert, und außer Stande ist, komplexe, weit in die Zukunft reichende Themen politisch zu lösen:

> *Naja, zum Beispiel die Rentenfrage. Jetzt hier für meine Generation oder im ganzen Pflegebereich, was da so abgeht. Da liest man ja nur immer wieder irgendwelche Horrorszenarien, aber es wird eigentlich nicht richtig gelöst, weil es zu große, zu komplexe Sachen sind. Womit beschäftigt sich die Politik? Ja, die können immer nur machen, was im Moment ansteht.* (P43: 26)

Ganz grundlegend stellt auch *Herr Veilchen* die Möglichkeit politischer Gestaltung innerhalb der bestehenden Ordnung in Frage und behauptet, dass Veränderung im jetzigen politischen System ebensowenig möglich ist wie in der DDR:

> *Aber was ganz selten kommt: Wie man es verändern kann. Weil, und das ist meine Meinung, in 90 % der Fälle, eine Veränderung nur dann stattfinden kann, wenn man die Gesellschaftsordnung, in der wir leben, ändert. Aber das macht keiner. Das darf keiner. Das ist genau dasselbe wie bei uns. Da geben sich beide Gesellschaften nichts. Es durfte nicht an der Gesellschaftsordnung gerüttelt werden.* (P34: 11)

Vor dem Hintergrund des hier angedeuteten weitverbreiteten Vertrauensverlusts in die Institutionen der deliberativen Demokratie ist es wenig überraschend, dass einige Interviewte für mehr Möglichkeiten der direkten politischen Mitbestimmung plädieren, um die eigenen politischen Interessen selbst durchsetzen zu können. So wünscht *Herr Gustav*, dass in *»vielen Sachen [...]das Volk gefragt wird«* und *Frau Parsson* argumentiert:

> *Also ich finde schon, so ein Verfahren, wie jetzt da in [Stadt A], dass man da die Bevölkerung dran beteiligt und in [Stadt B] gibt es ja auch zunehmend Bürgerbeteiligungsverfahren. Daran beteilige ich mich auch immer wieder. Hier mit dem [Referendumsthema A]. Also ich denke, die Bevölkerung ist da zunehmend aufgeweckt. Dass man auch gerade in seinem Kiez so guckt, was da passiert und da nicht mehr alles so von der Politik mit sich machen lässt.* (P43: 23)

Weiterhin dokumentiert sich in einigen Interviews der Anspruch einer von unten ausgehenden grundlegenden politischen Neugestaltung der Gesellschaft:

> *Mein großes Ziel wäre, dass man sich selber um seine Sache kümmert und nicht diese ganze Stellvertretersache macht. Die Politiker sollen es entscheiden, ich gehe alle vier Jahre wählen, dann machen die das immer alles falsch und dann wähle ich nächstes Mal die nächste Partei. Das ist völlig unsinnig, also so. Und man selber guckt, seine Sachen selber in die Hand zu nehmen und halt da wo man gerade ist. Dann als Erwerbslose so, als Beschäftigte im Betrieb fände ich ganz wichtig. Wenn die mir sagen würden: Nein, das passt uns hier so überhaupt nicht. Und auch über die, wo im Moment schon gekämpft wird hinaus. [...] Also alles was einen selbst betrifft, sollte man auch*

gucken, dass man es auch selbst bestimmt. Aber davon ist man weit
entfernt. Interviewer: Und was ist dann Ihrer Meinung nach die Auf-
gabe von Politikern? Frau Voß: Also ich brauche die nicht. (P38: 13)

In den Interviews deutet sich also in Übereinstimmung mit den Befunden einer zunehmenden Demokratieunzufriedenheit (siehe bspw.
Schäfer 2010; Schmidt 2012) und der Debatte zur Postdemokratie an
(dazu: Crouch 2015[2004]; Streeck 2015: 231ff.; kritisch: Merkel &
Krause 2015), dass ein Teil der Alltaghandelnden ihre Ansprüche der
politischen Mitbestimmung kaum innerhalb der liberal-
demokratischen Institutionen verwirklicht sehen. Politische Autonomie qua öffentlichen Meinungsbildungsprozessen und legitimen politischen Entscheidungsverfahren im Sinne der Überlegungen von Habermas zur deliberativen Demokratie (siehe Kapitel 2.2.5, S. 27)
scheint für die Alltagshandelnden kaum Überzeugungskraft zu besitzen. Sofern die interviewten Prekarisierten sich dann nicht schlicht
resigniert zurückziehen sondern einen politischen Gestaltungsan-
spruch aufrechterhalten, setzen sie eher im Sinne von Castoriadis
(2006) Politikverständnis auf Elemente direkter Demokratie, gewerk-
schaftlicher und/oder basisdemokratischer Selbstorganisation im Betrieb, und/oder halten eine grundlegende politische Selbstsituierung
der Gesellschaft zur Verwirklichung politischer Autonomie für notwendig (siehe Kapitel 2.2.5, S. 28).

6.1.6 Eigenverantwortung

Die mit dem zeitgenössischen Eigenverantwortungsdiskurs verbundene Vorstellung, dass die individuellen Fähigkeiten und Möglichkeiten
zur Selbstbestimmung mit der Pflicht zur gemeinwohlorientierten
Verantwortlichkeit verbunden sind (siehe Kapitel 2.2.6), findet sich
auch in den alltagsweltlichen Überlegungen der interviewten Prekarisierten wieder.

Gefragt nach den *»Pflichten, die wir alle haben als Bürger einer*
Demokratie« (P43: 21), sieht beispielsweise *Frau Parsson* den einzelnen Menschen in der Pflicht, Verantwortung für sich selbst, das eigene
Leben und die eigene Gesundheit zu übernehmen: *»Pflichten? Na*
hauptsächlich sich selbst doch gegenüber, verantwortlich mit sich
selber umzugehen. Den eigenen, mit der Gesundheit. Das ist nicht zu
delegieren.« (P43: 21). Von einer gelungenen Selbstverantwortung
profitiert dann aus ihrer Sicht jedoch – und dies lässt zumindest andeutungsweise den paradigmatischen Gemeinschaftsbezug der Eigen-

94

verantwortungsidee anklingen – die gesamte Gesellschaft: *»Ich glaube wenn man das mal erreicht hat, diese Verantwortung, dann kommt das der Gesellschaft schon zugute.«* (P43: 21) Ob *Frau Parsson* den gesellschaftlichen Nutzen dabei schlicht als Nebeneffekt individueller Eigenverantwortung, oder doch als deren vorangehendes Ziel begreift, bleibt auf Grundlage ihrer kurzen Argumentation jedoch offen.

Weitaus deutlicher dokumentiert sich der Anspruch, selbstverantwortlich die eigene Existenz zu sichern und auf diese Weise der Gesellschaft nicht zu Last zur fallen, in den Erzählungen von *Frau Schneider*. Sie berichtet, wie sie mit ihrem Partner versucht die Inanspruchnahme eines Kindergartenfreiplatzes für ihre Kinder zu vermeiden, obwohl sie aufgrund ihrer finanziellen Situation vermutlich durchaus Recht auf diese staatliche Unterstützungsleistung hätten. Gefragt, ob sie Sozialleistungen in Anspruch nimmt, führt sie aus:

> *Nein, nein, keine. Nein, also wir hatten zum Teil einen Freiplatz auch für die Kinder. Nämlich in der Zeit [...] wo ich in der Elternzeit war. Da hatten wir für die anderen beiden auch Freiplätze, aber jetzt sozusagen, jetzt rocken wir das alles selber. Ist meinem Mann auch total peinlich. Also der ist halt [Berufsbezeichnung A] und sagt, wir müssen das irgendwie schaffen. Der will ja nicht dem Staat so auf der Tasche liegen. Und wir kennen auch einige Familien, wo auch beide selbstständig sind, wo die Kinder dann auch freie Plätze haben in den Kindergärten und so. Haben wir nicht, also wir zahlen das alles.* (P46: 21)

Insbesondere für den Partner von *Frau Schneider* scheint es von zentraler Bedeutung zu sein, staatliche Unterstützungsleistungen nicht in Anspruch nehmen zu müssen. Die frühere Inanspruchnahme der Freiplätze während ihrer Elternzeit scheinen sie – bzw. vor allem der Partner – als unangenehm zu empfinden. Sie versuchen deswegen – wie *Frau Schneider* mit einem gewissen Stolz und in Abgrenzung zu anderen Familien, die sich in ähnlichen Situationen befinden, hervorhebt – trotz ihrer engen finanziellen Spielräume den Alltag ohne staatliche Unterstützungsleistungen zu meistern.

Wie im ideengeschichtlichen Kapitel herausgearbeitet, ist es der zentrale Dreh der Eigenverantwortungsprogrammatik, den Einzelnen Verantwortung für die eigene Lebenssituation zuzuschreiben, unabhängig davon, ob sie in ihrer jeweiligen Situation überhaupt in der Lage sind, Verantwortung zu übernehmen und das Leben selbst zu gestalten (vgl. Kocyba 2004: 20;. Heidbrink 2006: 140; siehe Kapitel

2.2.6, insb. S. 34). Genau dieses Muster findet sich auch in den weiteren Überlegungen von *Frau Schneider* wieder: Denn obwohl sie reflektiert und explizit hervorhebt, dass es ihr in ihrer jetzigen Lebenssituation aufgrund der Belastung durch die Haus- und Sorgearbeit und fehlender Förderung und Unterstützung für ihre Existenzgründung nahezu unmöglich ist, sich eine Existenz als kreative Solo-Selbständige aufzubauen (P43: 5-7), argumentiert sie gleichzeitig, dass in der gegenwärtigen Gesellschaft jeder ausschließlich selbst für den eigenen Erfolg oder das eigene Scheitern verantwortlich ist:

> *Es liegt an einem Selbst: Also ich denke, wenn es bei irgendjemand nicht läuft, dann liegt es daran, dass er das aus eigenem Antrieb oder aus eigenen Gründen, private Gründe, was weiß ich, dass ist immer so eine Selbstentscheidung desjenigen, warum er es sozusagen so macht und nicht anders. Die Möglichkeiten hätte er in unserem Staat auf jeden Fall.* (P46: 26-27)

Obwohl *Frau Schneider* selbst über fehlende Ressourcen und begrenzte Handlungsspielräume klagt, und erlebt, dass es in ihrer Lebenssituation unmöglich ist, den multiplen Erwartungen und Ansprüchen zu entsprechen, hält sie dennoch mögliches Scheitern für eine Frage rein individueller Verantwortung. Während sich also *Frau Schneider* die ›neosoziale‹ bzw. ›neusozialdemokratische‹ Eigenverantwortungsprogrammatik geradezu in Reinform zu eigen gemacht zu haben scheint, zeigt sich in den Berichten anderer Interviewter, wie Eigenverantwortung in unterschiedlichen Bereichen und sozialpolitischen Zusammenhängen den Leistungsempfänger/innen als eine äußere Anforderung entgegen tritt.

So berichten einige der Interviewten, dass die Arbeitsvermittlungsversuche der Jobcenter/der Agentur für Arbeit unzureichend waren und sie sich letztlich – nicht zuletzt getrieben durch Sanktionsdrohungen – vor allem selbst um passende Stellen bemühen mussten. So hat beispielsweise *Frau Pahlmann* die Erfahrung gemacht, dass die Vermittlungsangebote des Jobcenters nicht zu ihrer Qualifikation passten und sie selbst gefordert war, geeignete Stellen zu finden. »*Also entweder man sucht sich selbst was und das ist auch die Regel, Punkt. Also alle Jobs die ich hatte, die habe ich mir selbst gesucht, also Punkt.*« (P37: 4)

Dass dabei weiterhin nicht nur der tatsächliche Erfolg bei der Jobsuche entscheidend ist, sondern im Kontext des zeitgenössischen sozialpolitischen Regimes vor allem auch die subjektive Bereitschaft zählt, sich in Selbstverantwortung um zukünftige selbstständige Existenzsicherung zu *bemühen*, wird in den Erfahrungen von *Herrn Gustav* deutlich: *»Man hat Stellenangebote bekommen, aber man sollte auch nachweisen, dass man im Monat selbständig fünf Bewerbungen schreibt. Ob in Briefform oder per E-Mail, das war egal. Die wollten nur sehen, dass man sich bemüht. Ansonsten wird natürlich die Leistung gekürzt.«* (P42: 17) In ähnlicher Weise hat auch *Frau Parson* erlebt, dass es in der Auseinandersetzung mit dem Jobcenter vor allem auf die innere Haltung ankommt:

> *Ich glaube, am wichtigsten ist immer, wenn man zum Arbeitsamt geht, dass man selber was machen möchte. Also, dass die merken, man hat Ideen und man will irgendwas machen und dann ist das auch okay. Dann sind die eigentlich froh. Nur wenn sie merken, man will so gar nichts und ist in einer Rebellion gegen die, dann ist es schwierig.* (P43: 5)

Im Gegensatz zu anderen Interviewten, die sich explizit gegen die Anforderungen des Jobcenters stellen, gelingt es *Frau Parsson* dann auch mittels ihrer Bereitschaft, im Sinne der Aktivierungs- und Selbstverantwortungsanforderungen selbst in Eigeninitiative berufliche Perspektiven zu entwickeln, sich mit den Mitarbeiter/innen des Jobcenters zu arrangieren. Sie hat *»teilweise richtig gute Erfahrungen«* (P43: 5) mit dem Jobcenter gemacht und kann ihren eigenen Zukunftsvorstellungen auf diese Weise näher kommen.

Schließlich wird von *Frau Schmidt* die Bedeutung eigeninitiativer beruflicher Weiterbildung hervorgehoben. Sie argumentiert, dass neben den ›*Ausbildungsstätten*‹ vor allem jeder selbst dafür verantwortlich ist, sich fortzubilden und beruflich entsprechend der jeweiligen Markterfordernisse weiterzuentwickeln. Sie berichtet, dass sie selbst über berufliche Weiterbildungen, Selbststudium und berufsverbandliche Organisation versucht hat, sich möglichst viele Optionen und berufliche Perspektiven offen zu halten.

> *Jeder [...] muss denke ich [...] also schon auch an sich arbeiten einfach. [...]. Also ich selber habe, glaube ich, schon immer in verschiedene Richtungen gedacht [...] und war mir bewusst, wenn das nichts wird, dass ich jetzt die Top-Anstellung bei UNO oder EU kriege, also Freiberufler ist auf jeden Fall eine Option, habe halt viel Weiterbildungen gemacht, [...] bin früh im Berufsverband eingetreten, ja habe*

einfach auch versucht mir die betriebswirtschaftlichen Grundlagen ir-
gendwie außerhalb des Studiums zu holen. (P36: 6)

Die Schilderungen der Prekarisierten zeigen in Übereinstimmung mit
den im gesellschaftstheoretischen Kapitel diskutieren Zeitdiagnosen,
dass sich Eigenverantwortung, Selbstaktivierung und Selbstorganisation in unterschiedlichen Bereichen wie Weiterbildung, Jobsuche,
Konsum und Gesundheit als allgegenwärtige Erwartungen etabliert
haben (siehe Kapitel 3.1.3). Weiterhin deutet sich in den Interviews
an, dass sich einige der Prekarisierten die ›neosoziale‹ Eigenverantwortungsprogrammatik durchaus zu Eigen machen. Wie auch schon in
den (arbeits-)soziologischen Debatten zum Verhältnis von Autonomie
und Erschöpfung thematisiert (siehe Kapitel 3.1.4), scheinen Alltagshandelnde trotz begrenzter Ressourcen und kaum vorhandener Handlungsspielräume es als eine Frage individueller Verantwortung zu
verstehen, den multiplen Anforderungen und inneren Ansprüchen
nachkommen zu können. Die Unmöglichkeit, sich eigenverantwortlich
die eigene Existenz zu sichern und dem Staat oder der Gesellschaft
nicht zur Last zu fallen, wird nicht von allen Interviewten im Zusammenhang mit strukturell begrenzten Handlungsspielräumen gedacht,
stattdessen begreifen einige ihr ›Scheitern‹ als Ausdruck eigener
Schwäche.

6.1.7 Die sechs Wendungen der Selbstbestimmungsidee in ihren Zusammenspiel

Weiterhin zeigt die Rekonstruktion der alltagsweltlichen Autonomievorstellungen, dass die im ideengeschichtlichen Kapitel hervorgeho-
bene Abhängigkeit und Verflechtung der unterschiedlichen Autonomiefacetten von vielen Interviewten reflektiert wird.

So deutet sich beispielsweise in *Herrn Veilchens* Überlegungen
zum ethischen Konsum an, dass er die individuelle Möglichkeit moralisch richtigen Handelns an die Existenz sozialer und materieller Ressourcen knüpft:*»Wenn ich gerne Schokolade esse und ich kriege
Hartz IV, dann kaufe ich mir keine Fair-Schokolade im Eine-Welt-
Laden, dann kaufe ich mir die Billigschokolade, die es [im Super-
markt] für 39 Cent gibt. Zum Beispiel. Ich muss es mir leisten können.«* (P34: 20) Weiterhin hält er die individuellen Versuche eines
nachhaltigen, ethisch vertretbaren Konsums für weitestgehend frucht-
los, da dies an den Produktionsbedingungen nichts ändere:

Ich weiß nicht, wie groß der Einfluss in Afrika ist oder Ecuador, wenn ich Fair-Kaffee kaufe. Wenn es mein Gewissen oder meine Nerven beruhigt, dann soll man das machen. Ich habe nichts dagegen. Wenn ich es mir leisten kann, mache ich es auch hin und wieder. Aber das ist nicht das Non-Plus-Ultra. Dass die in Bangladesch saumäßige Bedingungen haben, das kann ich nicht ändern. Ich habe als Einzelbürger überhaupt keinen Einfluss darauf, zu sagen, ihr dürft da unten die Klamotten nicht herstellen. (P34: 20)

In dieser Argumentation scheint die Vorstellung angelegt zu sein, dass moralisch-autonomes Handeln (hier im Sinne eines ethischen, d.h. entsprechend verallgemeinerbarer Maximen ausgerichteten Konsums) auf die Möglichkeit, die Produktionsbedingungen politisch zu gestalten (politische Autonomie) verwiesen ist. In ähnlicher Stoßrichtung problematisiert auch *Frau Voß* die Aufforderung zum ethischen Konsum. Sie hält dieser Anrufung eine klassenbewusste und basisdemokratische Selbstorganisation entgegen (was auf den Anspruch politischer Autonomie verweist) und betrachtet die Diskussion zudem als ein Problem der Mittelschicht (was die Vorstellung hindeutet, dass soziale Autonomie ermöglichende Bedingung moralischer Autonomie ist):

Ich denke mir immer wieder, Fleisch essen ist echt blöd. Dann lasse ich es auch wieder eine Weile, aber das ist mehr so eine Insgesamtsache [...] und sonst glaube ich nicht an die Konsumentenmacht. Also da sollten wir es lieber mal andersherum versuchen, anstatt irgendwie anonyme Konsumenten auf eine Linie zu bringen. Interviewer: Was heißt? Frau Voß: Im Sinne von vorher, also sich selbst organisieren und gucken, dass man Sachen ändert in dem Bereich wo man Einfluss hat. Und als Konsument, dann kaufe ich anstatt Adidas Nike oder umgekehrt. Ich meine, was soll es. Oder statt Apple irgendwelche andere. Also da habe ich überhaupt keine Macht. Auch wenn man mir kurz sagt, ich muss das aber so kaufen. Die sind jetzt gerade ganz böse und das darf man gar nicht. Außerdem halte ich es für eine Mittelschichtssache, die man sich, wenn man nicht so viel Geld hat, ja dann auch nicht leisten kann. (P38: 18)

Während *Frau Voß* in dieser Sequenz andeutungsweise auf soziale Autonomie und politische Autonomie als Voraussetzungen moralischer Autonomie verweist, führt sie später private Autonomie als weitere grundlegende Voraussetzung eines selbstbestimmten Lebens an (vgl. Kapitel 2.2.4). Gefragt, was für sie ein selbstbestimmtes Leben ausmacht, führt sie aus:

> *Ein selbstbest[immtes Leben], okay. Wo ich die Möglichkeit habe, auf alles was mich auch betrifft Einfluss zu nehmen. Also sei es Arbeitsbedingungen, also was überhaupt gearbeitet, also die ganze Arbeitswelt, dass man nicht so vor fertige Tatsachen gestellt wird, sondern das man da mitentscheiden kann. Was weiß ich, wollen wir wirklich so viele Waffen produzieren oder sagt, okay, jetzt gibt es Waffenindustrie, dann gehe ich halt da auch arbeiten, so was. Also das da mehr, dass da jeder mehr die Möglichkeit hätte mitzusprechen [...]. Und in allen anderen Sachen so wenig Zwänge wie möglich zu haben. Also oder so, gut dann noch bei der Bedürfnisbefriedigung, auch die Möglichkeiten haben das Grundlegende zu befriedigen, auf jeden Fall, ohne davor Angst haben zu müssen. Und der Rest ist der Bereich der Freiheit, würde ich dann sagen. Also wenn man dann eine Wohnung hat und alles [...]. Also eine Existenzsicherheit haben und in allen wesentlichen Bereichen mitbestimmen und ansonsten machen was ich will, weil das geht dann ansonsten niemanden mehr was an, so.* (P38: 21)

Für *Frau Vahlen* ist Selbstbestimmung also zunächst mit der Möglichkeit verbunden, auf gesellschaftliche Verhältnisse Einfluss zu nehmen und an politischen Entscheidungen teilzuhaben. Weiterhin heißt Selbstbestimmung für sie, möglichst frei von äußeren Zwängen so zu leben, wie sie es sich selbst vorstellt. Zuletzt ist Selbstbestimmung für sie an die Sicherheit gebunden, sich nicht um die eigene Existenz sorgen zu müssen und die eigenen Grundbedürfnisse befriedigen zu können (soziale Autonomie). Ganz im Sinne der Überlegungen von Marshall (2000) Waldron (1993) und Vobruba (2009) bindet *Frau Vahlen* die Verwirklichung individueller Selbstbestimmung an soziale, politische und private Autonomie.

6.2   Prekäre Praktiken der Selbstbestimmung – eine Typologie

Um sich nun der Frage anzunähern, welche Autonomievorstellungen für Menschen in verschiedenen prekären Arbeits- und Lebenslagen tatsächlich handlungsrelevant sind und auf welche unterschiedliche Weisen Prekarisierte mit an sie herangetragenen Autonomieanforderungen und eigenen Autonomieansprüchen alltagspraktisch im Kontext ihrer spezifischen Arbeits- und Lebensverhältnisse umgehen, wird im Folgenden eine relationale Typologie vorgestellt, die sich entlang der beiden zentralen Dimensionen

- des Passungsverhältnisses zwischen institutionellen Autonomieanforderungen und subjektiven Autonomieansprüchen und
- der alltagspraktischen Realisierung der Autonomieanforderungen aufspannt.

Entlang der beiden ausgewählten Dimensionen konnten auf Basis der Interviewstudie vier idealtypische Sozialfiguren konstruiert werden. Während alle Interviewten sich mit der gesellschaftlichen Erwartung konfrontiert sehen, Eigenverantwortung im oben skizzierten Sinne zu übernehmen (siehe Kapitel 2.2.6 und Kapitel 6.1.6), repräsentieren die vier Typen unterschiedliche Muster der subjektiven Aneignung und alltagspraktischen Bearbeitungen dieser hegemonialen Autonomieanforderung:

Tabelle 2: relationale Typologie

		Realisierung der Anforderungen (im praktischen Handeln)	
		Eher ja	Eher nein
Passungs- verhältnis	Anforderungen (gesellschaftliches Sollen) = Ansprüche (subjektives Wollen)	*Die Bemühten*	*Die Überforderten*
	Anforderungen (gesellschaftliches Sollen) ≠ Ansprüche (subjektives Wollen)	*Die Getriebenen*	*Die Verweigerer*

Die Bemühten und *die Überforderten* machen sich die Eigenverantwortungspragmatik mehr oder weniger zu eigen und begreifen sich – tendenziell unabhängig von ihren realen Handlungsspielräume – als verantwortlich für ihre jeweilige Lebenssituation und ihre Zukunftsperspektive. Während es dabei *den Bemühten* recht gut gelingt, mittels Flexibilität und Anpassung den an sie herangetragenen Erwartungen gerecht zu werden, können *die Überforderten* den multiplen Anforderungen kaum entsprechen und erklären ihr Scheitern mit eigener Schwäche. Anders als *die Bemühten* und *die Überforderten* erleben *die Getriebenen* und *die Verweigerer* gesellschaftliche (Autonomie-) Erwartungen als im deutlichen Widerspruch zu eigenen (Autonomie-) Ansprüchen stehend. Während dabei *die Getriebenen* nun bemüht sind, den äußeren Anforderungen gerecht zu werden um die Hoffnung auf eine zukünftige Verwirklichung der eigenen Ansprüche aufrechterhalten zu können, grenzen sich *die Verweigerer* explizit von den an sie herangetragenen Erwartungen ab und versuchen, sich den Selbstaktivierungs- und Eigenverantwortungsimperativen zu widersetzen.

Die folgende detailliertere Darstellung dieser vier Sozialfiguren hat nun nicht zum Ziel, den Besonderheiten der Einzelfälle gerecht zu werden, vielmehr wird das empirische Material genutzt, um die einzelnen Idealtypen pointiert vorzustellen und voneinander abzugrenzen. Die Fallstrukturen werden deswegen jeweils nur kurz dargestellt und anschließend die den jeweiligen Typ kennzeichnende Konstellation zwischen wahrgenommenen Autonomieanforderungen (›gesellschaftliches Sollen‹), subjektiven Autonomieansprüchen (›subjektives Wollen‹), persönlichen Handlungsspielräumen (›individuelles Können‹) und realer Alltagspraxis (›praktisches Handeln‹) nachgezeichnet. Soweit die entsprechenden Interviewsequenzen dabei schon im Kapitel zu den alltagsweltlichen Autonomievorstellungen (Kapitel 6.1) zitiert und interpretiert wurden, wird im Folgenden auf eine erneute Zitation und Einordnung verzichtet und nur auf die entsprechende Seitenzahl des vorangegangenen Kapitels verwiesen.

6.2.1 Die Bemühten

Wie bereits angedeutet, machen sich *die Bemühten* die sozialpolitischen Eigenverantwortungsimperative und Selbstaktivierungsaufforderungen weitestgehend zu eigen und versuchen trotz begrenzter Handlungsspielräume den verinnerlichten gesellschaftlichen Erwartungen so gut wie möglich zu entsprechen. Dieses Orientierungs- und Handlungsmuster findet sich bei *Frau Pahlmann* (P37), *Frau Parsson* (P43) und – mit Einschränkungen[48] – *Herrn Pohl* (P33).

Frau Pahlmann ist seit einigen Jahren erwerbslos, ist in der Gewerkschaftsarbeit aktiv, engagiert sich ehrenamtlich als Seminarleiterin und versucht sich eine berufliche Perspektive als selbstständige Referentin aufzubauen. Während sie wohlfahrtstaatlichen Bevormundungen und Eingriffen in die Privatsphäre kritisch gegenüber steht,

---

48 Da der Übergang zwischen den Typen in der Realität ein gradueller ist und beispielsweise nicht immer klar zu entscheiden ist, ob die Alltagshandelnden den Autonomieanforderungen praktisch eher entsprechen können oder nicht, ist die Typenzuordnung nicht in allen Fällen eindeutig möglich.

eignet sie sich die Eigenverantwortungsprogrammatik an und versucht sich mittels Eigeninitiative Handlungsspielräume zu erarbeiten.

Frau Parsson hat eine gebrochene Erwerbsbiografie, die sie mit der Diskrepanz zwischen ihrem eigenen Authentizitätsanspruch sowie ihrer Vorstellung guter Arbeit und der Realität ihrer bisherigen Arbeitsverhältnisse erklärt. Derzeit ist sie erwerbslos, sieht es jedoch als ihre Verantwortung an, eine neue berufliche Perspektive zu entwickeln. Im Sinne der neosozialen Eigenverantwortungsprogrammatik sieht sie den/die Einzelnen in der Pflicht, eigenverantwortlich die eigene Gesundheit und Leistungsfähigkeit zu erhalten.

Herr Pohl beschreibt seinen biografischen Werdegang als eine Abfolge von Zufällen, Fehlentscheidungen und Rückschlägen, auf die er aus seiner Perspektive nur wenig Einfluss hatte. Nichtsdestotrotz sucht er die Schuld für seine Langzeitarbeitslosigkeit bei sich. Er kooperiert sehr umfassend mit dem Jobcenter, versucht eigeninitiativ ein Studium fortzuführen und ihm gelingt es, sich mit seinem Sozialleistungsbezug zu arrangieren.

›Gesellschaftliches Sollen‹

Als Sozialleistungsbezieher/innen sehen sich *die Bemühten* mit der Erwartung konfrontiert, sich selbst aktiv um geeignete Arbeitsstellen zu kümmern (bspw. P37: 4, siehe die Interpretation in Kapitel 6.1.6, S. 96) und machen die Erfahrung, dass es in der Auseinandersetzung mit den Mitarbeiter/innen des Jobcenters vor allem auf die innere Bereitschaft zur Verantwortungsübernahme und Eigeninitiative ankommt: Denn am wichtigsten sei es, dass man »*selber was machen möchte, also, dass die merken, man hat Ideen und man will irgendwas machen. [...] Nur wenn sie merken, man will so gar nichts und ist in einer Rebellion gegen die, dann ist es schwierig*« (bspw. P43: 5, siehe ebenfalls Kapitel 6.1.6, S. 97). Neben der Aufforderung, Verantwortung für die eigene Lebenssituation und Zukunftsperspektive zu übernehmen, sehen sich *die Bemühten* vor allem gezwungen, sich mit der Realität deregulierter und flexibilisierter Arbeitsverhältnisse zu arrangieren. So berichtet etwa *Herr Pohl*: »*Ja, ich würde mal behaupten, Arbeitnehmer müssen wesentlich häufiger gute Miene zu bösem Spiel machen als früher, egal wie gut oder wie schlecht sie ausgebildet sind.*« (P33: 5)

›Subjektives Wollen‹

Wenngleich einige *der Bemühten* durchaus den Anspruch auf berufliche Selbstverwirklichung im Sinne ethischer Autonomie mitbringen (P43: 1; siehe die Interpretation in Kapitel 6.1.1, S. 79), ihr Handeln im Sinne moralischer Autonomie an selbst gesetzten Maximen ausrichten (P33: 2, siehe Kapitel 6.1.2, S. 84), staatliche Eingriffe in die Privatsphäre kritisieren und ihre Privatautonomie verteidigen wollen (P37: 28, siehe Kapitel 6.1.3, S. 86), oder den Anspruch auf mehr direkte politische Mitbestimmungsmöglichkeiten im Sinne politischer Autonomie artikulieren (P43: 23, siehe Kapitel 6.1.5, S. 93), zeichnen sie sich gemeinsam dadurch aus, dass sie kaum Ansprüche auf soziale Autonomie und staatliche Absicherung ihrer Existenz formulieren, die Realität der regulierten Arbeitswelt akzeptieren, und es im Sinne der neosozialen Eigenverantwortungsprogrammatik vor allem als ihre eigene Pflicht begreifen, sich selbstverantwortlich um die eigene Lebensperspektive und Gesundheit zu sorgen und selbst in Eigeninitiative neue berufliche Perspektiven zu entwickeln (P43: 21 und P37: 4; siehe Kapitel 6.1.6, S. 94).

Die Bemühten machen sich also die Leistungs- und Eigenverantwortungsimperative zu eigen und wollen sich selbst als produktive Sozialbürger sehen, die für ihre Lebenssituation Verantwortung übernehmen. Diese Orientierung dokumentiert sich auch in ihrer Akzeptanz wohlfahrtsstaatlicher Sanktionen, ihrer Tendenz, sich von ›unproduktiven‹ Arbeitslosen abzugrenzen, oder ihrer Neigung, die Schuld für ihre prekäre Lebenssituation trotz des Bewusstseins für strukturelle Ursachen von Arbeitslosigkeit letztlich bei sich selbst zu suchen:

So hat beispielsweise *Herr Pohl* für Sanktions- und Kontrollmaßnahmen des Jobcenters grundsätzlich Verständnis: *»Also wenn man gewisse Auflagen des Jobcenters nicht einhält halte ich Sanktionsmaßnahmen, also Kürzung der Mittel, schon für angebracht.«* (P33: 20) Denn es *»kostet ja wirklich einen Haufen Geld und wenn die Agentur für Arbeit das Geld für rauswirft [...] dann haben die da auch einen Anspruch, ja, dass man da nicht sich ein schönes Leben macht und kommt und geht wann man will«* (P33: 26). Sehr deutlich dokumentiert sich hier die Vorstellung, dass der Bezug von Sozialleistungen dem/der Einzelnen eben nicht zu einem ›schönen Leben‹ und individueller Freiheit verhelfen solle, sondern mit der Pflicht verbunden ist, die Anforderungen und Auflagen der Agentur für Arbeit einzuhalten. Weiterhin sieht *Herr Pohl* ganz im Sinne der zeitgenössischen Eigenverantwortungsprogrammatik den/die Einzelnen unabhängig von realen Handlungsmöglichkeiten als verantwortlich für seine Lebenssituation an. Obwohl er zunächst seine (Erwerbs-)Biographie als eine Abfolge von Zufällen beschrieben hat und die mögliche Übernahme in ein Beschäftigungsverhältnis als eine Frage des Glücks begreift (P33: 5), sucht er dennoch die Verantwortung für die eigene Arbeitslosigkeit bei sich selbst und seiner Unangepasstheit *»Wie gesagt, ich habe dann selbst irgendeine Schuld gesucht, die Schuld liegt letztendlich bei mir, weil ich meine Schnauze nicht halten kann«.* (P33: 31)

Die für *die Bemühten* typische normative Orientierung an Erwerbsarbeit und gesellschaftsverpflichteter Eigenverantwortung findet sich auch bei *Frau Pahlmann* wieder, wenn sie mehrmals ihr eigenes ehrenamtliches Engagement betont und sich gleichzeitig deutlich von ›*Faulheit*‹ abgrenzt. *»Und ich arbeite ehrenamtlich sehr viel und ich mache hier Seminare im Haus. [...] Und das heißt, da kann ich meine Qualifikationen einbringen. [...] Es gibt ja Menschen, die gerne faulenzen, dazu gehöre ich nicht.«* (P37: 1; ähnlich: P37: 13) Für ihr Selbstbild scheint ihr umfassendes Engagement im Sinne eines produktiven – es ließe sich sagen: gesellschaftlich nützlichen – Beschäftigtseins, einen zentralen Stellenwert für ihre Identität zu besitzen:

›Individuelles Können‹ und ›Praktisches Handeln‹

Die Bemühten versuchen trotz geringer Handlungsspielräume und schlechter Perspektive auf dem Arbeitsmarkt den durch das Jobcenter an sie herangetragenen und weitgehend verinnerlichten Anforderungen zu entsprechen. Weil es ihnen recht gut gelingt, der Erwartung gerecht werden, sich eigeninitiativ um die zukünftige selbstständige Existenzsicherung zu bemühen, machen sie – anders als etwa *die Verweigerer* (siehe Kapitel 6.2.4) – vergleichsweise gute Erfahrungen mit den Arbeitsvermittler/innen (P43: 5; P38: 8; P33: 25; siehe die Interpretation Kapitel 6.1.6, S. 97). Indem sie sich mit Anforderungen und Pflichten des Sozialleistungsbezugs arrangieren und den sozialstaatlichen Aktivierungsbemühungen durch Eigeninitiative vorgreifen, gelingt es *den Bemühten* dabei zudem, eigene Handlungsspielräume zu erlangen. So berichtet etwa *Frau Parsson*:

Also, wie gesagt. Ich habe teilweise richtig gute Erfahrungen. Im Moment habe ich wirklich gesagt, ich möchte mich für das Exposé vorbereiten und habe jetzt Freizeit bekommen. Ich habe diesen Frei-

raum bekommen bis Ende Oktober das machen zu können. Aber auch,
weil ich unglaublich viel versucht habe. Ich bin ja jetzt auch schon ein
bisschen älter. Und ich habe letztes Jahr sehr viel versucht. [...] Und
so hat sie gemerkt, dass ich mich sehr bemüht habe [...] Jedenfalls hat
Sie mir das erlaubt und ansonsten gehe ich da hin und bespreche mit
ihr meine Wünsche und was ich so mache. (P43: 5)

Herr Pohl versucht ebenfalls sich eine berufliche Perspektive entsprechend eigener Interessen zu entwickeln und hat sich selbstständig um eine Weiterbildung bemüht: Er erzählt, wie er sich mit einem konkreten Fortbildungswunsch an seine Fallmanagerin gewendet hat, die ihm dann unter der Bedingung, dass er da regelmäßig und pünktlich erscheint, den dreimonatigen Kurs ermöglicht habe:

Weil sich ja wie gesagt, seit Abschluss meiner Ausbildung hat sich ja
in Bezug auf [Thema A] und auch auf andere Sachen hat sich einiges
geändert, da habe ich sie gefragt: ›Könnten Sie mir also auch diesen
3-monatigen Kurs spendieren‹ Also dieser [Kurs] der hätte halt ge-
kostet, was weiß ich, 5-600€, der dreimonatige der hat dann letztend-
lich gekostet, 3600€, glaube ich. ›Vielleicht könnten Sie mir also auch
die drei Monate spendieren? Sagt sie: ›Ja, wenn Sie das wirklich wol-
len und mir versprechen, dass sie da auch regelmäßig und pünktlich
hingehen, können Sie haben.‹ Sage ich: ›Ja, verspreche ich Ihnen.‹ Al-
so innerhalb von 10 Minuten war das Ding unterschrieben, ich mich
in die U-Bahn gesetzt, nach [Stadtteil A] gefahren zum Bildungsträger
und schon war das in trockenen Tüchern. (P33: 25)

In dieser Erzählung dokumentiert sich die Vorstellung einer Unterstützungsbeziehung zwischen Sozialstaat und Individuum, in der nicht der Anspruch des Einzelnen auf Existenzsicherung und Selbstbestimmung im Vordergrund steht, sondern der/die Hilfeempfänger/in vielmehr zum formbaren Objekt sozialpolitischer Interessen wird. *Herr Pohl* scheint es – durchaus im Sinne der oben ideengeschichtlich rekonstruierten neosozialen sozialpolitischen Programmatik (Kapitel 2.2.6, S. 33) – nicht als ein ihm zustehendes Recht zu verstehen, eine für seine berufliche Zukunft sinnvolle Weiterbildung machen zu können, vielmehr akzeptiert er die Autorität der Fallmanagerin und begreift es als eine Frage ihres Ermessensspielraums oder sogar ihrer Großzügigkeit, welche Fortbildung sie persönlich bereit ist ihm unter welchen Bedingungen zu ›spendieren‹. Gerade weil er bereit ist, den Pflichten und Anforderungen im Sozialleistungsbezug nachzukommen, scheint es ihm praktisch zu gelingen, sich mit den Mitarbeiter/innen des Jobcenters zu arrangieren dabei auch eigene Interessen durchsetzen zu können.[49]

Zusammenfassung

Die Bemühten beziehen Sozialleistungen, begreifen es aber trotz schlechter Aussichten auf dem Arbeitsmarkt als ihre Pflicht, eine berufliche Perspektive aufrechtzuerhalten bzw. zu entwickeln und sich um die zukünftige selbstständige Sicherung ihres Lebensunterhaltes zu bemühen. ›Gesellschaftliches Sollen‹ (Eigenverantwortung sowie Flexibilität und Adaption) und ›subjektives Wollen‹ (Eigenverantwortung ergänzt von weiteren Autonomieansprüchen) stehen in einem spannungsarmen Verhältnis. Mittels ehrenamtlichem Engagement und/oder beruflicher Weiterbildung versuchen sie, ihre Beschäftigungsfähigkeit wieder herzustellen bzw. zu steigern. Gerade weil *die Bemühten* sich auf die ihnen zugedachte Rolle als bittende und in ihren Selbstaktivierungsbemühungen vom Sozialstaat in die Pflicht genommenen Leistungsempfänger/innen akzeptieren, können sie sich eigene Handlungsspielräume erarbeiten. Gerade weil sie staatliche Unterstützungsleistungen nicht fordernd einklagen, sondern bereit sind, den Spielregeln des Jobcenters zu folgen und staatliche Unterstützung quasi unterwürfig und in Dankbarkeit anzunehmen, scheinen sie auch ihre eigenen Ansprüche und Interessen in Aushandlung mit Arbeitsvermittler/innen praktisch verfolgen zu können. *Die Bemühten* ›wollen‹ was sie ›sollen‹ und können den verinnerlichten Erwartungen trotz begrenzter Handlungsspielräume in Ansätzen entsprechen.

6.2.2 Die Überforderten

Auch für den Typus der *Überforderten* ist eine weitgehende Übereinstimmung von wahrgenommenen Autonomieanforderungen und eigenen Autonomieansprüchen prägend. Obwohl sich *die Überforderten* die Aufforderungen zur Eigenverantwortung, Selbstaktivierung und

---

49 Unklar bleibt an dieser Stelle natürlich, ob sich *die Bemühten* im Vergleich zu etwa *den Verweigerern* (siehe Kapitel 6.2.4) tatsächlich aufgrund ihrer eigenen Haltung und ihrer Anpassungs- und Kooperationsbereitschaft besser mit den Mitarbeiter/innen des Jobcenters arrangieren und ihre eigenen Interessen durchsetzen können, oder ob diese unterschiedlichen Erfahrungen vor allem von den unterschiedlichen Fallmanager/innen abhängen.

beruflicher Selbstverwirklichung zu eigen machen, gelingt es ihnen im Gegensatz zu den *Bemühten* jedoch in ihrer Lebenssituation aufgrund multipler Beanspruchungen und begrenzter Handlungsressourcen kaum, den gesellschaftlichen Anforderungen und Selbstansprüchen alltagspraktisch zu entsprechen. Die Figur der *Überforderten* findet sich wieder insbesondere in den Fallstrukturen von *Frau Schneider* (P46) und – mit Einschränkungen - von *Frau Schmidt* (P36).

Frau Schneider versucht sich als Mutter dreier Kinder eine Existenz als selbstständige Kreativunternehmerin aufzubauen. Vor dem Hintergrund der Belastungen durch die Erziehungs- und Hausarbeit sowie fehlender Unterstützung ist es ihr jedoch kaum möglich, den widersprüchlichen an sie herangetragenen Anforderungen zu entsprechen und ihren Wunsch nach beruflicher Selbstverwirklichung zu erfüllen. Sie verabschiedet sich (vorläufig) von dem Ziel des beruflichen Erfolgs, konzentriert sich auf ihre Rolle als Hausfrau und Mutter und überträgt ihren Selbstverwirklichungsanspruch auf ihre Kinder.

Frau Schmidts Biographie lässt sich zunächst als ein exemplarischer Lebenslauf einer erfolgreichen ›Selbstunternehmerin‹ rekonstruieren. Eigenverantwortung, Kreativität, berufliche Selbstverwirklichung, aber auch Anpassungs- und Leistungsbereitschaft werden von ihr als gesellschaftliche Erwartungen wahrgenommen und zugleich als expliziter Selbstanspruch formuliert. Alltagspraktisch konnte sie den zeitgenössischen Autonomieerwartungen zunächst erfolgreich entsprechen und hat als Unternehmensberaterin in den USA Karriere gemacht. Nach einem Sportunfall ist sie nun jedoch arbeitsunfähig und weit davon entfernt, den multiplen Anforderungen und Selbstansprüchen weiter nachkommen zu können. Sie ist nach Deutschland zurückgekehrt, versucht sich mit dem Sozialsystem zu arrangieren, begreift es als ihre Pflicht, trotz ihrer gesundheitlichen Einschränkungen eine neue berufliche Perspektive zu entwickeln und hat den Anspruch, zukünftig wieder ohne sozialstaatliche Unterstützungsleistungen auszukommen.

›Gesellschaftliches Sollen‹

Die Überforderten sehen sich nicht nur mit den Anforderungen konfrontiert, eigenverantwortlich für den eigenen Lebensunterhalt und die zukünftige Beschäftigungsfähigkeit zu sorgen (P36: 6; P46: 12, siehe die Interpretation in Kapitel 6.1.6, S. 97) und sich flexibel und kreativ unterschiedlichen Markterfordernissen anzupassen (P36: 5; P46: 17), sondern spüren zudem die soziale Erwartung, sich im Beruf erfolg-

reich selbstverwirklichen und sich mit ihrer Arbeitstätigkeit identifizieren zu können. Exemplarisch deutet sich dieses Muster an, wenn
Frau Schneider berichtet, wie sie durch ihre frühe Familiengründung
und die aufgeschobene eigene Karriere die Erwartungen etwa ihrer
Mutter enttäuscht hat:

> *Also meine Mutter hat das so treffend gesagt, die hat gesagt: du*
> *kommst ja total vom Weg ab (lacht). [...] Meiner Mutter hatte sich*
> *jetzt nun gedacht eben, die fand das unmöglich während des Studiums*
> *Kinder zu bekommen und dann noch eins. Die hätte sich jetzt gedacht,*
> *nach dieser tollen Ausbildung schafft man es irgendwie, ja eine gute,*
> *selbstständige [Tätigkeit] aufzubauen oder ein Büro aufzumachen, um*
> *halt lukrative Kunden zu betreuen.* (P46: 23)

Dass Selbstverwirklichung und die sie voraussetzende Selbsterforschung durchaus als gesellschaftliche Erfordernisse wahrgenommen
werden, zeigt sich auch in den – bereits oben diskutierten – Überlegungen von *Frau Schneider* zur Erziehung ihrer Kinder: Den Versuch,
die Kinder in ihren inneren Begabungen und Neigungen zu fördern
und ihnen die Möglichkeit zur authentischen Selbstentfaltung zu er-
öffnen, versteht sie als eine vielversprechende Strategie, um innerhalb
der gegenwärtigen gesellschaftlichen Situation erfolgreich bestehen zu
können und die Aussicht auf (beruflichen) Erfolg zu steigern (P46: 21-
22, siehe Kapitel 6.1.1, S. 80).

›Subjektives Wollen‹

Die Überforderten erheben den Anspruch, mittels einer beruflichen
Tätigkeit, die ihren eigenen Begabungen und Neigungen sowie ihren
Vorstellungen guter Arbeit entspricht (Selbstverwirklichung), ihren
Lebensunterhalt selbstständig zu bestreiten und der Versicherungsge-
meinschaft nicht zur Last zu fallen (Eigenverantwortung):

So hat *Frau Schneider* ihre Ausbildungs- und Berufsentscheidungen an ihrem Wunsch nach beruflicher Selbstverwirklichung ausge-
richtet. Um einer Tätigkeit nachgehen zu können, die mit ihrer eigenen Persönlichkeit in Einklang steht, hat sie eine Angestelltentätigkeit
– die sie nur »*zum Teil erfüllt*« hat (P46: 1) – aufgegeben und damit
auf eine sichere Zukunftsperspektive verzichtet. Um stattdessen ihren
›*künstlerischen Neigungen*‹ nachgehen zu können hat sie ein Kunst-
studium aufgenommen und versucht sich nun eine Existenz als selbständige Kreativunternehmerin aufzubauen (P46: 1, siehe Kapitel
6.1.1, S. 79). Auch *Frau Schmidt* begründet ihren Bildungs- und Be-

rufsweg mit ihrem Anspruch, berufliche Tätigkeit und eigene Interessen miteinander zu verbinden. So berichtet sie etwa, dass sie ein zweites Studium aufgenommen habe, weil das Thema ihr *»sehr am Herzen liegt«* (P36: 6).

Die normative Orientierung an der Idee gesellschaftsverpflichteter Eigenverantwortung dokumentiert sich dabei in *Frau Schmidts* Bereitschaft, auf einen ihr möglicherweise zustehenden zusätzlichen staatlichen Mietzuschuss zu verzichten, da ihr – wie sie argumentiert – die nicht unbedingt notwendige Inanspruchnahme von Sozialleistungen nicht entspreche: *»Da habe ich keinen Bock darauf. Und ich wusste auch, ich brauche ja das Geld im Moment nicht, ja. Ich bin sehr dankbar über die Sozialleistungen die ich empfange, aber ich will den Staat ja auch nicht verarschen. Das ist auch nicht mein, weiß ich nicht, dass entspricht mir irgendwie nicht.* (P36: 16) Dabei ist es nicht nur ihr Anliegen, der Gemeinschaft möglichst nicht zur Last zu fallen, vielmehr möchte sie andersherum selbst auch einen Beitrag zum Gemeinwohl leisten und sucht nach Möglichkeiten, wie sie *»auch der Gesellschaft dienen kann, sage ich mal. Also sei es durch meine Arbeitskraft, sei es durch mein Engagement«* (P36: 17). Und auch *Frau Schneider* möchte – wie schon oben diskutiert – lieber finanzielle Engpässe in Kauf nehmen, als staatliche Unterstützungsleistungen in Anspruch zu nehmen und *»dem Staat auf der Tasche liegen zu müssen«* (P46: 21, siehe die Interpretation in Kapitel 6.1.6, S. 95).

Die Überforderten haben also den Anspruch, der (Versicherungs-)Gemeinschaft nicht zur Last zu fallen und übertragen – wie sich ebenfalls in den Ausführungen von *Frau Schneider* zeigt – dem Einzelnen unabhängig von seinen realen Handlungsressourcen und -spielräumen die Verantwortung für die jeweilige Lebenssituation.

›Individuelles Können‹ und ›praktisches Handeln‹

Die Überforderten sind aufgrund multipler Inanspruchnahmen und begrenzter Handlungsressourcen jedoch kaum in der Lage, den verinnerlichten gesellschaftlichen Erwartungen gerecht zu werden. Während *Frau Schmidt* schlicht aufgrund ihrer körperlichen Beeinträchtigungen nicht länger den beruflichen Anforderungen und Selbstansprüchen entsprechen kann, hat *Frau Schneider* mit einer Vielzahl an widersprüchlichen (Autonomie-)Anforderungen zu kämpfen – ist sie doch nicht nur als kreative Selbstunternehmerin, sondern auch als fürsorgliche Familienmanagerin adressiert. Nach der Geburt ihrer Kinder und vor dem Hintergrund der Belastungen durch die Reproduktionsarbeit und fehlender familiärer wie staatlicher Unterstützung ist es ihr kaum möglich, sich eine Existenz als selbstständige Kreativunternehmerin aufzubauen und ihren Wunsch nach beruflicher Selbstverwirklichung zu erfüllen.

> *Also die Ideen, die man hat, also ich habe es zumindest nicht geschafft, dieses ganze Hauswirtschaftliche zu rocken, ein Kind zu versorgen und gleichzeitig noch eben für die Selbstständigkeit was vorzubereiten, das ging nicht. [....] Also ich habe jegliche Pause genutzt, um irgendwie daran zu arbeiten, wenn das Kind schlief. Also dieser [...] Durchbruch, dass man sagt, man schafft es jetzt eine eigene Agentur oder irgendwas aufzubauen, das ist unmöglich, also nicht als Mutter mit drei Kindern.* (P46: 3)

Die vielfachen Anforderungen hinsichtlich beruflicher Selbstständigkeit, materieller Existenzsicherung und familiärer Reproduktionsarbeit scheinen zu einer strukturellen Überforderung zu führen. *Frau Schneider* begegnet der Spannung zwischen Autonomieanforderungen wie -ansprüchen und fehlenden Realisierungschancen alltagspraktisch, indem sie sich von der Idee authentischer Selbstbestimmung und beruflichem Erfolg (vorläufig) verabschiedet und sich mit ihrer Alleinverantwortlichkeit für Haus- und Sorgearbeit arrangiert, sprich eigene Autonomieansprüche zurückstellt:

> *Und jetzt gibt es irgendwie so einen (...) Abwärtstrend. So dass man das Gefühl hat, man hat überhaupt keinen richtigen Mut mehr, ja, (...) irgendwas zu schaffen. [...] Man hat jetzt mal die Kinder, die kann man nicht sich irgendwie wegzaubern, das geht nicht und wir haben zu wenig Unterstützung oft von außerhalb. [...]. Und momentan ist eben die Entscheidung, dass ich sage, ok, [...] ich verbringe mehr Zeit mit den Kindern und die Hauptarbeitszeit ist eben dadurch reduziert.* (P46: 23)

Zusammenfassung

Ethische Autonomie (im Sinne authentischer, beruflicher Selbstverwirklichung) und Eigenverantwortung werden von *den Überforderten* sowohl als gesellschaftliche Erwartungen wahrgenommen, als auch als eigene Ansprüche formuliert; ›gesellschaftliches Sollen‹ und ›subjektives Wollen‹ greifen passgenau ineinander. *Die Überforderten* begreifen es als ihre Pflicht, ihren Lebensunterhalt selbstständig zu sichern, um der (Versicherungs-)Gemeinschaft nicht zur Last zu fallen. Im Gegensatz zu *den Bemühten,* denen es alltagspraktisch (mehr oder weniger gut) gelingt, den zu Selbstansprüchen gewordenen Eigenverantwortungsimperativen alltagspraktisch gerecht zu werden, sind *die Überforderten* aufgrund multipler Beanspruchungen, individueller Dispositionen oder plötzlicher Einschränkung der eigenen Leistungsfähigkeit außer Stande, den zu Selbstansprüchen gewordenen Eigenverantwortungsimperativen alltagspraktisch nachzukommen. Ganz im Sinne des zeitgenössischen Eigenverantwortungsdiskurses machen sie sich nahezu ausschließlich selbst für ihr Scheitern verantwortlich und suchen die Schuld bei sich selbser. *Die Überforderten* können nicht, wie sie ›sollen‹ und ›wollen‹ und erklären ihr Scheitern mit eigener Schwäche.

6.2.3 Die Getriebenen

Anders als *die Bemühten* und *die Überforderten* erleben *die Getriebenen* die an sie herangetragenen (Autonomie-)Anforderungen als im deutlichen Gegensatz zu ihren eigenen (Autonomie-)Ansprüchen stehend. *Die Getriebenen* – im Sample dieser Arbeit repräsentiert durch *Herrn Gehlen* (P41) und *Herrn Gustav* (P42) – befinden sich in unsicheren Beschäftigungsverhältnissen und sehen sich weniger aufgefordert, ihre Kreativitäts- und Innovationspotenziale zu aktivieren und in der Arbeitswelt einzubringen, als zu Unterordnung, Flexibilität und Adaption gedrängt. Mittels Leistungs- und Anpassungsbereitschaft versuchen sie, die Chance auf eine zukünftige Verwirklichung ihrer subjektiven Ansprüche guter Arbeit und sozialer Sicherheit aufrechtzuerhalten.

Herr Gehlen hat eine brüchige Erwerbsbiographie, die ihn von einer prekären Beschäftigung in die nächste bringt. Trotz seiner schlechten Erfahrungen in unterschiedlichen Beschäftigungsverhältnissen scheut er keine Konflikte, um für seine Ansprüche auf gute Arbeitsbedingungen, eine existenzsichernde Beschäftigung und Mitsprachemöglichkeiten im Betrieb zu kämpfen.

Herr Gustav hat aufgrund seiner Vorstellungen guter Arbeit und seinem Wunsch nach sozialer Sicherheit mehrfach den Beruf und die Arbeitsstelle gewechselt. Nachdem er eine Tätigkeit als (Schein-)Selbstständiger aufgegeben hat, ist er derzeit als Leiharbeiter beschäftigt. Er setzt sich kritisch mit den Arbeitsbedingungen im Betrieb auseinander, hält gewerkschaftliche Organisierung für notwendig und schätzt die Handlungsspielräume gleichzeitig als gering ein.

›Gesellschaftliches Sollen‹

Als Leiharbeiter sehen sich *die Getriebenen* vor allem mit der Anforderung konfrontiert, sich zeitlich, örtlich und fachlich flexibel den wechselnden Anforderungen anzupassen und sich selbständig die geforderten Kompetenzen anzueignen. So berichtet *Herr Gehlen*, dass in seinem Betrieb insbesondere auf die Leiharbeiter zurückgegriffen wird, um kurzfristige Produktionsspitzen oder Personalengpässe aufzufangen. Praktisch bedeutet dies, dass er kaum den nächsten Tag planen kann und sich quasi ständig bereithalten muss: *»Und dann haben die zum Feierabend gesagt, du kannst Morgen um sechs kommen, bzw. du kannst morgen um zehn kommen. Und dann haben die früh am nächsten Tag angerufen und gesagt, du kannst zuhause bleiben.«* (P41:7) Darüber hinaus gelte es, sich schnell auf neue Arbeitsanforderungen einzustellen, den Leistungsanforderungen unmittelbar gerecht zu werden und sich unterordnend anzupassen: *»Du musst da rein kommen und du musst gleich auf Anhieb alles schaffen, wozu ein Festangestellter Jahre braucht. Und sonst sollte man als Leiharbeiter pflegeleicht sein. [...] [und die] Schnauze halten.«* (P41: 13) In ähnlicher Weise berichtet auch *Herr Gustav*, dass man *»sich schnell reinfuchsen«* und sehr schnell sehr *»lernfähig sein«* müsse (P42: 3).

›Subjektives Wollen‹

Während sich *die Getriebenen* also zu Flexibilität und eigenverantwortlicher Aneignung der jeweils erforderten Kompetenzen aufgefordert sehen, halten sie subjektiv an Ansprüchen guter Arbeit und sozialer Sicherheit fest. Sowohl *Herr Gehlen* als auch *Herr Gustav* binden die Möglichkeit individueller Selbstbestimmung an finanzielle Ressourcen (P41: 6, P42: 35 siehe die Interpretation in Kapitel 6.1.4, S. 89) und problematisieren ihre unsichere Zukunftsperspektive als Leiharbeiter sowie die im Vergleich zu den Stammbeschäftigten schlechtere Bezahlung:

> *Das ist auch so ein Grundsatzprinzip, wo ich sage, wir machen dieselbe Arbeit, bekommen nicht dasselbe Geld, aber irgendwo müssen wir da schon eine Gleichberechtigung sehen. Und nicht: Das ist der Festangestellte und das ist der Leiharbeiter. Das ist ein Unterschied, den finde ich immer noch zu groß. Das finde ich nicht in Ordnung.*
> *(P42: 6)*

Neben sozialer Sicherheit und besserer Bezahlung artikulieren *die Getriebenen* einen Anspruch auf Privatautonomie. Sie begreifen es als ihre Freiheit, selbst über ihren individuellen Lebensstil, ihren Konsum und ihre Arbeitstätigkeit entscheiden zu können und wollen sie vor keinen äußeren Autoritäten rechtfertigen (P42: 34f.; siehe Kapitel 6.1.3, S. 85). Sie sorgen sich um Einschränkungen der informationellen Selbstbestimmung durch die Nutzung neuer Medien (P42: 24, Siehe Kapitel 6.1.3., S 88), und kritisieren staatliche Eingriffe in die Privatsphäre im Zusammenhang mit dem Bezug von Sozialleistungen (P42: 20 und P41: 21, siehe Kapitel 6.1.3, S. 87).

›Individuelles Können‹ und ›praktisches Handeln‹

Auch wenn *die Getriebenen* ihre gegenwärtige Chance, ihren Wunsch nach einer gut bezahlten, sicheren Beschäftigung zu verwirklichen, als gering einschätzen, versuchen sie den Flexibilitäts- und Eigenverantwortungsimperativen zumindest ansatzweise gerecht zu werden, und hoffen auf diese Weise ihre eigenen Ansprüche zukünftig verwirklichen zu können.

Weil es für *Herrn Gehlen* nicht in Frage kommt, seine Vermögensverhältnisse vor dem Staat offenzulegen, nimmt er – um seinen Anspruch auf Privatautonomie verteidigen zu können – weite Arbeitswege, schlechte Entlohnung und unbefriedigende Arbeitsbedingungen in Kauf (P41: 21). Ähnlich findet sich auch Herr Gustav lieber zeitweilig mit unattraktiven Beschäftigungen ab, anstatt staatlichen Eingriffen in seine Privatsphäre ausgesetzt zu sein: *»Das sind 50 Euro weniger, egal aber ich kann dann wieder über mein Geld frei verfügen. Ich kann dann wieder was sparen und muss nichts offenlegen. Alles gut, ich bin's los.«* (P42: 20) Weiterhin zeigen sich *die Getriebenen* äußerst flexibel und versuchen, ihre Beschäftigungsfähigkeit eigeninitiativ zu steigern. So ist Herr *Gehlen* etwa mangels Arbeitsplatzangebote bereit gewesen, zwischenzeitlich im Ausland zu arbeiten (P41: 3) und bemüht sich eigeninitiativ und auf eigene Kosten um Zusatzausbildungen (P41: 11).

Zusammenfassung

Die Getriebenen befinden sich in atypischen Beschäftigungsverhältnissen und sehen sich vor allem mit Flexibilitäts- und Eigenverantwortungserwartungen konfrontiert. Um nicht von Sozialleistungen abhängig zu sein und sozialstaatlichen Eingriffen in die eigene Privatsphäre zu entgehen, versuchen sie um jeden Preis Erwerbslosigkeit zu vermeiden, ihren Lebensunterhalt selbst zu bestreiten und sind dafür bereit, Beschäftigungen zu akzeptieren, die weit davon entfernt sind, ihren Vorstellungen angemessener Entlohnung, betrieblicher Mitbestimmung und guten Arbeitsbedingungen zu entsprechen. Ihre eigenen Ansprüche guter Arbeit und sozialer Sicherheit können sie kaum realisieren, versuchen aber mittels Flexibilitäts- und Anpassungsbereitschaft den an sie herangetragenen Anforderungen nachzukommen, um so zumindest die Hoffnung auf sozialen Aufstieg und eine zukünftige Verwirklichung der eigenen (Autonomie-)Ansprüche aufrechterhalten zu können. *Die Getriebenen* handeln wie sie ›sollen‹, obwohl sie etwas ganz anders ›wollen‹.

6.2.4 Die Verweigerer

Auch *die Verweigerer* formulieren Autonomieansprüche, die im deutlichen Gegensatz zu institutionalisierten Autonomieanforderungen stehen. Anders als *die Getriebenen* grenzen sich *die Verweigerer* jedoch alltagspraktisch von den gesellschaftlichen Erwartungen ab, und versuchen ihre Vorstellungen gelingenden Lebens jenseits der Erwerbsarbeit zu verwirklichen. Die Figur *der Verweigerer* findet sich wieder in den Fallstrukturen von *Herrn Veilchen* (P34), *Frau Voß* (P38) und *Frau Vahlen* (P39).

Herr Veilchen hat in der DDR ›politische Ökonomie‹ studiert, wurde nach der Wende erwerbslos und wechselt seither zwischen Zeiten der (geförderten) Beschäftigung und Zeiten ohne Erwerbsarbeit. Seine wiederholte Arbeitslosigkeit versteht er nicht als sein Verschulden, sondern verweist auf die schlechte Arbeitsmarktsituation. Er ist nicht bereit, sich an die gegenwärtigen Erfordernisse des Arbeitsmarktes anzupassen, hat die Perspektive auf zukünftige Erwerbsarbeit aufgegeben und ist ehrenamtlich in einer Erwerbsloseninitiative aktiv.

Frau Voß ist seit mehr als zehn Jahren als ›Aufstockerin‹ auf den Bezug von Arbeitslosengeld II angewiesen. Ihre Berufsbiographie deutet darauf hin, dass sie nicht aufgrund schlechter Arbeitsmarktsituation arbeitslos geworden ist, vielmehr scheint sie mit ihrem starken Selbstverwirklichungsanspruch in der beruflichen Realität gescheitert zu sein. Die gegenwärtige Arbeitsmarktpolitik lehnt sie ab und formuliert eine grundsätzliche Kritik an dem sozialpolitischen Paradigma des ›Förderns und Forderns‹. Im Laufe der letzten Jahre und durch Auseinandersetzungen mit dem Jobcenter hat sich *Frau Voß* zunehmend politisiert und ist gewerkschaftlich aktiv, um sich auf diese Weise gegen die Maßnahmen des Jobcenters zu wehren.

Frau Vahlen hat nach einem sozialwissenschaftlichen Studium zunächst als Erzieherin gearbeitet und bezieht nun seit einiger Zeit Arbeitslosengeld II. In der Beschreibung der von Brüchen und Kündigungen geprägten Erwerbsbiographie deutet sich an, dass sie einen starken Authentizitätsanspruch mit ihren beruflichen Tätigkeiten verbunden hat. Ihr berufliches Scheitern erklärt sie mit ihrer Weigerung, ihre eigenen Vorstellungen zurückzustellen und sich den betrieblichen Anforderungen anzupassen. Als Alternative zu einer beruflichen Tätigkeit die nicht ihrer Vorstellung guter Arbeit entspricht, macht sie sich über ein Leben als ›Aussteigerin‹ Gedanken.

›Gesellschaftliches Sollen‹

Die Verweigerer sehen sich in der Arbeitswelt nicht dazu aufgefordert, sich kreativ oder authentisch mit ihrer ganzen Persönlichkeit einzubringen, sondern vor allem mit Anpassungs- und Unterordnungszwängen konfrontiert. Von ihren Erfahrungen als Erzieherin berichtend beklagt etwa *Frau Vahlen*: »*Also die meisten wollen so Duckmäuse, das habe ich immer wieder gemerkt. Also gerade im Kindergarten, dass wird halt erwartet, dass man zu allem ›ja‹ sagt und einfach das macht, was die sagen.*« (P39: 3) Und auch *Frau Voß* hebt zentrale Anforderung in der Arbeitswelt Anpassungsbereitschaft hervor: Es gehe vor allem darum, »*bereit zu sein es alles zu akzeptieren und dann auch den Regeln entsprechend zu handeln.*« (P38: 10)

Auch im Kontext ihres gegenwärtigen Sozialleistungsbezugs sehen sich *die Verweigerer* ausgeprägten Anpassungs- und Leistungszwängen ausgesetzt. *Frau Voß* erzählt, dass sie als ›marktnahe Kundin‹ besonders gefordert war, sich beruflich entsprechend der gegenwärtigen Arbeitsmarktsituation neu zu orientieren und durch häufige Termine beim Jobcenter stark unter Druck stand, schnell eine neue Beschäftigung zu finden:

> *Dann bin ich in dieses [Modellprojekt des Jobcenters] rein gekommen [...] wo dann die Kunden eingeteilt, also die Kunden im Jobcenter in Anführungsstrichen, eingeteilt werden in marktnah [...], marktfern und dann so Zwischentypen. Und da war ich marktnah, und die sollten jetzt besonders toll vermittelt werden. Und das hatte eine Häufigkeit von zum Teil zwei, dreimal im Monat. Und das war echt heftig. Das war schlimm [...]. Also das war halt, man kommt da hin und der sagt,*

was gibt es Neues. Und was soll in den letzten zwei Wochen passiert sein, nichts. Also es ist nur dieser Druck und jetzt müssen wir aber mal überlegen und jetzt müssen Sie sich neu orientieren und ja. (P38: 2)

Auch *Frau Voß'* Alltag ist durch die Anforderungen des Jobcenters und die ständige Androhung von Sanktionen geprägt.

»Also ich kann nicht sagen, schön, danke für die Einladung, aber ich habe keine Lust. Sondern dann gibt es ja die Sanktionen, insofern ist die immer im Hintergrund. Und dann, wie gesagt, dass man nicht weiß was kommt und immer dieses: ›Sie haben sich doch nicht bemüht und was machen wir denn jetzt.‹ [...] Und wenn sich sonst nichts tut, dann tut sich halt eine Maßnahme oder irgendwas [auf]«. (P38: 5)

Exemplarisch zeigt sich hier, dass die Verweigerer die Aufforderung zur Selbstaktivierung und Eigenverantwortung – anders als etwa *die Bemühten* – nicht als Chance erleben, ihren eigenen beruflichen Zielen näher zu kommen, sondern als fremdbestimmten Zwang wahrnehmen, sich entsprechend der Vorgaben des Jobcenters und gegen ihre eigenen Wünsche um den schnellen Wiedereinstieg in den Arbeitsmarkt zu bemühen.

›Subjektives Wollen‹

Neben dem Wunsch nach Privatautonomie (P39: 9, siehe Kapitel 6.1.3, S. 86) und sozialer Autonomie (P39: 1 und 39: 26, siehe Kapitel 6.1.4, S. 89) bringen *die Verweigerer* einen ausgeprägten Anspruch auf ethische und moralische Autonomie mit und grenzen sich ab von der Vorstellung, dass zuallererst der Einzelne für die eigene Ausbildung, Weiterbildung und Sicherung der Beschäftigungsfähigkeit verantwortlich ist.

Der Anspruch auf ethische Autonomie im Sinne authentischer beruflicher Selbstverwirklichung dokumentiert sich beispielsweise in Frau Voß' Beschreibung ihrer Bildungs- und Erwerbsbiographie. *»Ich habe studiert, ziemlich lange, auf Lehramt und zwar Französisch und Politikwissenschaften. Dann war ich im Referendariat, zweimal sogar, habe ich aber abgebrochen, weil ich feststellte, dass es doch nichts für mich ist.«* (P38: 1) Weil sie sich – wie sie später weiter ausführt – nicht als ›geborene Lehrerin‹ sieht (38: 8) und es für sie nicht in Frage kommt, einer Tätigkeit nachzugehen, die ihren Fähigkeiten und Interessen nicht entspricht, bricht die das Referendariat ab und verzichtet auf die sichere berufliche Perspektive als verbeamtete Lehrerin (vgl. die Interpretation in Kapitel 6.1.1, S. 79).

Dieses Muster findet sich auch wieder bei *Frau Vahlen*, die vor einiger Zeit ihre Stelle als Erzieherin gekündigt hat, weil sie es nicht verantworten wollte, *»Kinder so aufzubewahren«* (P39: 3). Ihren Ausstieg aus dem Berufsleben begründet sie mit ihrer Weigerung, eigene Vorstellungen guter pädagogischer Arbeit aufzugeben und sich entsprechend den gegebenen Anforderungen anzupassen. Von ihren Erfahrungen in der Kindertagesstätte berichtet sie: *»Ich kann meinen Gerechtigkeitssinn und mein Harmoniebedürfnis [...] nicht ausschalten und einfach das machen, was jemand von mir verlangt.«* (P39: 4) Der Wunsch, einer Tätigkeit in Überstimmung mit der eigenen Persönlichkeit nachgehen zu können (ethische Autonomie) verbindet sich hier mit dem Anspruch, im Sinne moralischer Autonomie den eigenen Überzeugungen und ihrem Gewissen treu bleiben zu können (siehe dazu die Interpretation in Kapitel 6.1.2, S. 82).

Von der sozialpolitischen Eigenverantwortungsprogrammatik grenzen sich *die Verweigerer* nun – im Gegensatz zu *den Bemühten* und *den Überforderten* ab: Gefragt, wer dafür verantwortlich sei, dass der Einzelne sich (weiter)qualifiziert, argumentiert etwa *Frau Voß*: *»Ja ganz grob die Gesellschaft. Also wäre schon verpflichtet das notwendige Wissen zu vermitteln, was man braucht, um zu leben in dieser Gesellschaft. [...] Und danach, nach der [...], da würde ich dann sagen, natürlich dann die Arbeitgeber müssten die Ausbildung anbieten, wenn sie nachher Leute haben wollen die das können.«* (P38: 11) Sehr deutlich wird hier die Anforderung, sich selbst um die eigene (Weiter-)Bildung zu bemühen und sich selbst notwendige Fortbildungen zu finanzieren, zurückgewiesen.

›Individuelles Können‹ und ›Praktisches Handeln‹

Die Verweigerer versuchen nun ihre eigenen Autonomieansprüche alltagspraktisch zu verfolgen, nicht indem sie sich bemühen den äußeren Erwartungen gerecht zu werden und sich innerhalb des Betriebes oder in Kooperation mit dem Jobcenter Handlungsspielräume erarbeiten, vielmehr versuchen sie, sich den an sie herangetragenen Anforderungen zu widersetzen.

Wie bereits skizziert, nehmen *die Verweigerer* persönliche Nachteile wie den Arbeitsplatzverlust oder finanzielle Einbußen in Kauf, um den eigenen moralischen Prinzipien und inneren Ansprüchen treu bleiben zu können. Nachdem Frau Vahlen ihre Tätigkeit als Erzieherin

118

aufgegeben hat, arrangiert sie sich zunächst mit dem Sozialleistungsbezug und sucht nach einem Beruf, der ihr Spaß macht und in den sie sich mit ihren Begabungen, Fähigkeiten und Interessen einbringen kann. Auch macht sie sich über Aussteigeroptionen Gedanken und überlegt, wie sie ihre Vorstellungen eines gelingenden Lebens jenseits der Erwerbsarbeit realisieren könnte. *»Das ist ja nicht so, dass ich unbedingt arbeiten muss. Vor allem wenn die Alternative ist für 40 Stunden 1300 Euro zu kriegen arbeite ich lieber nicht und komme mit wenig Geld zurecht. Also dann suche ich mir lieber irgendwo einen Hof oder eine Kommune oder mache da mein Ding, wo ich mich nicht so stressen muss.«* (P39: 2)

Während sich *Frau Vahlen* – und ähnlich auch *Frau Voß* – ihrer Selbstdarstellung folgend bewusst dafür entschieden haben, sich nicht an betriebliche Anforderungen anzupassen, um ihren Selbstansprüchen und Werten treu bleiben zu können, hat *Herr Veilchen* die Erfahrung gemacht, dass er für seine frühere Anpassungsbereitschaft nicht belohnt wurde, und sich deswegen entschlossen, sich nicht weiter zu bemühen, den gesellschaftlichen Erwartungen zu entsprechen: So berichtet er, dass er in einem Bewerbungsverfahren gefragt wurde, ob er sein *»Outfit ändern könnte«* (P34: 6), und er, obwohl er dann bereitwillig zum Friseur und zum Fotografen gegangen sei, die Stelle schließlich dennoch nicht bekommen habe. Weil *Herr Veilchen* also die Erfahrung gemacht hat, dass er selbst durch seine Anpassungsbemühungen dem Ziel existenzsichernder Erwerbsarbeit nicht näher gekommen ist, will er nun seiner Authentizität treu bleiben:

> *Das war also die Diskrepanz. Ist man gewillt sich zu verändern? Das habe ich gemacht. Das hat aber keinen Niederschlag gehabt. Da habe ich mir gesagt, also wegen den langen Haaren - das ist das letzte mal, dass ich bei einer Bewerbung darauf eingehe. Das mache ich nicht. Wenn dann mache ich es freiwillig, weil es mir gefällt, aber nicht, weil mir irgendjemand sagt, deshalb nehme ich Sie nicht. (P34: 6)*

Er reagiert nun mit Widerstand auf die an ihn herangetragenen Anforderungen und hat Strategien entwickelt, um die seiner Meinung nach überzogenen Flexibilitäts- und Mobilitätsanforderungen der aktivierenden Arbeitsmarktpolitik abzuwehren: *»Ja, aber da muss man sich dann, sage ich mal, rauswinden. Da muss man dann eine Formulierung reinschreiben, ›ich bin an den Nahverkehr gebunden und habe kein Auto‹. Das reicht dann meistens aus.«* (P34: 4) Und auch *Frau Voß* berichtet, wie sie sich im Zusammenhang mit Beschäftigungs-

und Weiterbildungsmaßnahmen des Jobcenters schlicht weigert, Eingliederungsvereinbarungen oder Datenschutzerklärungen zu unterschreiben:

Also ich sollte eine Maßnahme machen, dass ist jetzt nicht so lange her [...]Berufsorientierung und Aktivierung oder so was. Und das habe ich dann nicht gemacht. [...] Also es gibt dann immer die Eingliederungsvereinbarung und die habe ich nicht unterschrieben. [...] Dann bin ich trotzdem einen Tag hin, um mir das anzugucken. [...] Und dann fand ich das a) schlecht und b) sollte ich so eine Datenschutzerklärung unterschreiben, was ich dann nicht gemacht habe. Und dann haben die gesagt, dass ich dann gehen soll. Und das habe ich denen im Jobcenter informiert und die haben sich dann nicht mehr groß gemeldet. (P38: 4)

Zusammenfassung

Die Verweigerer haben den Anspruch, einer beruflichen Tätigkeit nachzugehen, die ihrer eigenen Persönlichkeit und ihren Überzeugungen entspricht. Weil sie ihre eigenen Bedürfnisse, Ideale oder Lebensziele als unverhandelbare Fixpunkte betrachten, erscheint es ihnen unmöglich, eigene Ansprüche und gesellschaftliche Anforderungen alltagspraktisch zu vermitteln. Um den eigenen moralischen Prinzipien und inneren Ansprüchen treu bleiben zu können, sind die Verweigerer bereit, persönliche Nachteile wie Arbeitsplatzverlust oder finanzielle Einbußen in Kauf zu nehmen. Im Gegensatz zu *den Bemühten* und *den Überforderten* grenzen sich *die Verweigerer* von der normativen Verpflichtung existenzsichernder Erwerbsarbeit ab, arrangieren sich mit ihrem Sozialleistungsbezug und versuchen sich gegen Zwangsmaßnahmen der Jobcenter zur Wehr zu setzen und so ihre Autonomieansprüche zu verteidigen. *Die Verweigerer* ›wollen‹ nicht was sie ›sollen‹ und versuchen ihre eigenen Ansprüche gegen die gesellschaftlichen Anforderungen durchzusetzen.

7 Schluss

7.1 Diskussion –
Praktiken der Selbstbestimmung im flexiblen Kapitalismus

Es war Anliegen der empirischen Untersuchungen dieser Arbeit, zu rekonstruieren, an welchen inhaltlichen Wendungen der Selbstbestimmungsidee sich Menschen in prekären Arbeits- und Lebensverhältnissen orientieren und wie Prekarisierte mögliche Differenzen zwischen Anforderungen, Ansprüchen und Möglichkeiten der Selbstbestimmung alltagspraktisch bearbeiten.

Die deskriptive Rekonstruktion alltagsweltlicher Autonomievorstellungen (Kapitel 6.1) hat dabei zunächst gezeigt, dass Autonomie nicht nur in philosophischen und öffentlichen Debatten ein höchst vieldeutiger Begriff ist, sondern auch von Alltagshandelnden auf ganz unterschiedliche Weise ausbuchstabiert wird. Mittels der – in diesem Analyseschritt subsumtionslogischen – Zuordnung subjektiver Autonomievorstellungen zu den im ideengeschichtlichen Kapitel unterschiedenen Autonomiefacetten konnte nachgezeichnet werden, auf welche Weise die unterschiedlichen Wendungen der Selbstbestimmungsidee in den Alltagsorientierungen von Prekarisierten auftauchen.

Dabei hat sich angedeutet, dass Prekarisierte vor allem Eigenverantwortung als eine äußere Anforderung wahrnehmen und selbst Ansprüche auf ethische, moralische, private, soziale und politische Autonomie artikulieren: Der Anspruch auf ethische Autonomie wird dabei inhaltlich von den Interviewten vor allem mit dem Wunsch gefüllt, sich authentisch beruflich verwirklichen zu können und einer Tätigkeit nachzugehen, die den eigenen Fähigkeiten und Neigungen entspricht (Kapitel 6.1.1). Die Idee moralischer Autonomie taucht in den Überlegungen der Interviewten zu nachhaltigem Konsum auf und dokumentiert sich zudem in dem subjektiven Anspruch, dem eigenen Gewissen treu zu bleiben und einer beruflichen Tätigkeit nachgehen zu können, die den eigenen (verallgemeiner- und begründbaren) Überzeugungen und Werten entspricht (Kapitel 6.1.2). Der Anspruch auf Privatautonomie dokumentiert sich in der Kritik an sozialpolitischen Bevormundungen und staatlichen Eingriffen in die individuelle Privatsphäre sowie der Sorge um die Wahrung der informationellen Selbstbestimmung im Zuge der zunehmenden Verbreitung Neuer Medien (Kapitel 6.1.3). Vor dem Hintergrund ihrer eigenen Erfahrungen binden die prekär Beschäftigten und Erwerbslosen Interviewten die Möglichkeit individueller Selbstbestimmung im Sinne sozialer Autonomie an die Existenz verlässlicher Planungshorizonte, materieller Ressourcen und sozialer Sicherheit (Kapitel 6.1.4). Der Anspruch auf politische Autonomie artikuliert sich in der Klage über begrenzte Gestaltungsspielräume innerhalb der parlamentarischen Demokratie und dem Wunsch nach mehr direkten politischen Mitbestimmungsmöglichkeiten (Kapitel 6.1.5). Die zeitgenössische Eigenverantwortungsprogrammatik findet sich bei einigen Interviewten wieder in dem Selbstanspruch, der Gesellschaft nicht zur Last zu fallen und für die selbstständige Sicherung des eigenen Lebensunterhalts zu sorgen (Kapitel 6.1.6).

Im zweiten empirischen Kapitel konnten mit einer relationalen Typologie symptomatische Konstellationen zwischen Anforderungen, Ansprüchen, Möglichkeiten und Praktiken der Selbstbestimmung herausgestellt werden (Kapitel 6.2). Ausgehend von der Beobachtung, dass alle Interviewten Eigenverantwortung als eine zentrale gesellschaftliche Anforderung wahrnehmen, wurde zum einen gefragt, ob und wie sich die Prekarisierten die Eigenverantwortungsprogrammatik zu eigenen machen, und zweitens rekonstruiert, ob es ihnen im Kontext ihrer jeweiligen Lebenssituation gelingt, den äußeren (Eigenverantwortungs-)Erwartungen alltagspraktisch zu entsprechen.

Die Sozialfiguren *der Bemühten, der Überforderten, der Getriebenen und der Verweigerer* repräsentieren dabei vier denkbare Möglichkeiten der subjektiven Aneignung und praktischen Bearbeitung des Eigenverantwortungsimperativs:

Tabelle 3: *Aneignung und Bearbeitung zeitgenössischer Autonomieanforderungen*

	Die Bemühten	Die Überforderten	Die Getriebenen	Die Verweigerer
Zentrale wahrgenommene Autonomieanforderungen (›gesellschaftliches Sollen‹)	Eigenverantwortung	Eigenverantwortung, ethische Autonomie	Eigenverantwortung	Eigenverantwortung
Zentrale subjektive Autonomieansprüche (›subjektives Wollen‹)	Eigenverantwortung	Eigenverantwortung, ethische Autonomie	Privatautonomie; soziale Autonomie	Privatautonomie; ethische Autonomie moralische Auton.
Praxis (›praktisches Handeln‹)	Eigenverantwortung, um eigene Handlungsspielräume zu erhalten	Resignation - multiplen Anforderungen kann mangels Handlungsressourcen kaum entsprochen werden	Eigenverantwortung und Flexibilität als Mittel, zukünftig eigene (Autonomie-) Ansprüche ealisieren zu können	Verweigerung und Ausstieg als Möglichkeit, eigene (Autonomie) Ansprüche zu verteidigen
Übereinstimmung Anforderungen – Ansprüche	Eher ja	Eher ja	Eher nein	Eher nein
Realisierung der Anforderungen (im ›praktischen Handeln‹)	Eher ja	Eher nein	Eher ja	Eher nein
Realisierung der Ansprüche (im ›praktischen Handeln‹)	Eher ja	Eher nein	Eher nein	Eher ja
Empirische Fälle in der Interviewstudie	*Herr Pohl* (P33) *Frau Pahlmann* (P37) *Frau Parsson* (P43)	*Frau Schmidt* (P36) *Frau Schneider* (P46)	*Herr Gerlen* (P41) *Herr Gustav* (P42)	*Herr Veilchen* (P34) *Frau Voß* (P38) *Frau Vahlen* (P39)

Auch wenn auf Grundlage der fokussierten Interviews eine milieuspezifische Verortung der einzelnen Figuren im Sinne einer soziogenetischen Typenbildung nicht möglich erschien, lassen sich doch Zusammenhänge zwischen einzelnen Typen und unterschiedlichen prekären Beschäftigungssituationen und Lebenslagen beobachten. Zudem bieten die vier Sozialfiguren Antworten, Illustrationen und Verdichtungen zu folgenden eingangs skizzierten gesellschaftstheoretischen Fragen und Thesen zur Ambivalenz von Autonomie im flexiblen Kapitalismus:

Im gesellschaftstheoretischen Teil der Arbeit wurde über die allgemeine Globaldiagnose eines gesteigerten Stellenwerts von Autonomie in der Gegenwartsgesellschaft hinausgehend erstens vermutet, dass Autonomie sich nicht generell und nicht überall von einem subjektiven Anspruch zur Funktionserfordernis verkehrt hat, sondern nur in bestimmten Formen, zu vorgegebenen Zwecken und in spezifischen sozialen Feldern als institutionalisierte Anforderung auftritt (siehe Kapitel 3.4, S. 57). Zweitens wurde vor dem Hintergrund der soziologischen Debatte um Burn-Out und Erschöpfung angedeutet, dass die gesellschaftliche Aufforderungen zur (beruflichen) Selbstverwirklichung und Selbstaktivierung nicht unbedingt zu einem ›gelingenden Leben‹ führen, sondern vielmehr auch mit neuen psychischen Leiden korrespondieren (siehe Kapitel 3.3). Drittens wurde auf Befunde aus der Prekarisierungsforschung hingewiesen, die darauf hindeuten, dass insbesondere Menschen in prekären Beschäftigungsverhältnissen und Lebenslagen vielfach schlicht die Ressourcen und Planungshorizonte fehlen, die notwendig wären, um den an sie herangetragenen Autonomieerwartungen nachkommen zu können (siehe Kapitel 3.1, S. 45). Zuletzt wurde in Frage gestellt, dass die Freiheitsversprechen des ›postfordistischen Aktivierungsregimes‹ tatsächlich reibungslos internalisiert werden; vor dem Hintergrund empirischer arbeitssoziologischer Studien wurde vermutet, das Alltagshandelnde durchaus auch Ansprüche auf soziale Sicherheit, langfristige Beschäftigung, ein abgegrenztes Privatleben oder Anerkennung artikulieren, die im deutlichem Widerspruch zu der zeitgenössischen Eigenverantwortungsprogrammatik stehen (siehe Kapitel 3.3, S. 56).

Den empirischen Teil der Arbeit abschließend soll nun im Folgenden gezeigt werden, auf welche Weise sich diese unterschiedlichen zeitdiagnostischen Beobachtungen, Vermutungen und Fragen zur ambivalenten Bedeutung von Autonomie in den rekonstruierten Idealtypen wiederfinden:

Die Bemühten als prekarisierte Aktivbürger

Die Bemühten (Kapitel 6.2.1) stehen für eine Gruppe von Leistungsbezieher/innen, die zwischen geförderten Beschäftigungen, prekärer Erwerbstätigkeit und Erwerbslosigkeit hin und her pendeln und sich dabei unabhängig von ihren realen Handlungsspielräumen als selbst verantwortlich für ihre Lebenssituation begreifen. Trotz schlechter Aussicht auf reguläre Erwerbsarbeit machen sie es sich zur ihrer inneren Pflicht, sich weiterhin um eine existenzsichernde Beschäftigung zu bemühen. Auch wenn *die Bemühten* derzeit auf den Bezug von Sozialleistungen angewiesen sind, repräsentiert dieser Typ eine recht reibungslose subjektive Verinnerlichung der zeitgenössischen Eigenverantwortungsprogrammatik. Denn ganz im Sinne der neosozialen Eigenverantwortungsidee suchen sie die ›Schuld‹ für ihre prekäre Lebenssituation bei sich und versuchen mittels beruflicher Weiterbildung ihre Beschäftigungsfähigkeit zu verbessern oder durch ehrenamtliches Engagements einen Beitrag zum Gemeinwohl zu leisten.

Die Bemühten stehen damit für ein Orientierungs- und Handlungs-muster, das in ähnlicher Weise auch von Dörre et al. (2013) sowie von Andreas Hirseland und Philipp Ramos Lobato (2014) identifiziert wurde, die in ihren Untersuchungen subjektive Orientierungen von Erwerbslosen und prekär Beschäftigten rekonstruiert haben. So be-obachten Hirseland und Ramos Lobato, dass ein Teil der Erwerbslo-sen die ihnen im gegenwärtigen sozialpolitischen Diskurs zugewiese-ne Rolle »des nicht hinreichend aktiven, ›faulen‹ und auf Kosten anderer lebenden Hilfeempfängers« akzeptiert und die eigene Er-werbslosigkeit als einen selbstverschuldeten Zustand begreift (ebd.: 188). Auch Dörre et al. (2013) – die in ihrer Studie drei unterschiedli-che Erwerbsorientierungen von Sozialleistungsempfänger/innen re-konstruiert haben[50] – beschreiben mit dem Typus der ›*Als-Ob-Arbeiterinnen*‹ eine Gruppe Prekarisierter, die an dem normativen Anspruch regulärer Erwerbsarbeit festhalten, obwohl sie ihre Chancen auf dem Arbeitsmarkt pessimistisch einschätzen. Um das nicht einlös-bare Ziel einer existenzsichernden Beschäftigung zu kompensieren, suchen sie nach alternativen Beschäftigungen auf dem zweiten Ar-beitsmarkt oder wenden sich dem ehrenamtlichen Engagement zu (vgl. ebd.: 159ff.). Dabei sind es insbesondere »die Bürgerschaftlich-Engagierten [...] [, die sich] und ihrem Umfeld [beweisen], dass sie bereit sind, etwas für die Gesellschaft zu tun« (ebd.: 181f.).

Weil *die Bemühten* (wie auch die ›*Als-Ob-Arbeiterinnen*‹) trotz ih-rer wenig aussichtsreichen Position auf dem Arbeitsmarkt es als ihre Pflicht begreifen, sich weiter um eine berufliche Perspektive zu be-mühen und sie ihren Anspruch produktiver Tätigkeit in (unbezahltes) gesellschaftspolitisches Engagement überführen, entsprechen sie durchaus dem neosozialen Leitbild des sich und der Gemeinschaft verantwortlichen Aktivbürgers. *Die Bemühten* stehen also letztlich dafür, dass sich – wie auch Hirseland und Ramos Lobato (2014: 188) beobachten – »die in den letzten Jahren unter dem Stichwort der ›Ak-tivierung‹ geführten Debatten um Sozialstaatsleistungen und Arbeits-losigkeit als höchst wirkmächtig« erweisen und die Handlungsorien-

---

50 Dörre et al. (2013: 123ff.) haben drei typische Erwerbsorientierungen von Leistungsempfängerinnen rekonstruiert. Neben den *Als-Ob-Arbeiterinnen*, die die innere Verpflichtung regulärer Erwerbsarbeit relativieren, aber nicht aufge-ben, und den *Um-Jeden-Preis-Arbeitern*, die alles daran setzen, Erwerbslosigkeit zu vermeiden, haben sie die Figur der *Nicht*-Arbeiterinnen identifiziert, die die Hoffnung auf Integration in reguläre Erwerbsarbeit aufgegeben haben.

tierungen von prekär Beschäftigten oder erwerbslosen Leistungsbe-zieher/innen tiefgreifend prägen können. Wenngleich *die Bemühten* faktisch daran scheitern, auf dem ersten Arbeitsmarkt Fuß zu fassen und ihre Existenz aus eigener Kraft zu sichern, lässt sich die Figur *der Bemühten* also als prekarisierte Variante des eigenverantwortlichen, sich und der Gesellschaft verpflichteten Aktivbürgers begreifen.

Die Überforderten als scheiternde Kreativunternehmer/innen

Die Überforderten sind als Akademiker/innen oder Künstler/innen selbstständig oder in leitenden Positionen tätig und haben den Selbst-anspruch, die eigene Persönlichkeit authentisch in der Arbeitswelt entfalten zu können und mittels ihrer beruflichen Tätigkeit selbst für die Sicherung der eigenen Existenz und Zukunftsperspektive zu sor-gen. Weil es ihnen alltagspraktisch aufgrund begrenzter Handlungs-ressourcen und/oder familiärer Beanspruchungen nahezu unmöglich ist, den multiplen verinnerlichten Anforderungen zu entsprechen, müssen die tagtäglichen Anstrengungen *der Überforderten* stets unge-nügend bleiben.

Die in der *Figur der Überforderten* zum Ausdruck kommende Dis-krepanz zwischen zunehmenden Autonomieerwartungen, individuel-len Verantwortungszuschreibungen und Selbstansprüchen auf der einen Seite und abnehmenden oder zumindest begrenzten Handlungs-spielräumen auf der anderen Seite, lässt sich in Anschluss an Kerstin Jürgens (2010) als Folge des Strukturwandels der Arbeit, des (neoso-zialen) Umbaus des Sozialstaates und veränderter Familienstrukturen erklären:

So scheinen prekäre Beschäftigungsverhältnisse den Menschen ge-rade jene Sicherheiten vorzuenthalten, die notwendig wären, um sich mit den eigenen Autonomiepotenzialen in der Arbeitswelt einzubrin-gen. Denn ständige Zukunftsunsicherheit, Sorgen um den sozialen Abstieg und/oder materielle Knappheit machen es *den Überforderten* schwer, ihre Kreativitäts-, Innovations- und Selbststeuerungspotenzia-le zu aktivieren und sich authentisch mit ihrer ganzen Persönlichkeit in ihre Tätigkeit einzubringen (vgl. ebd.: 579). Die Widersprüche des aktivierenden Sozialstaates werden wiederum dort sichtbar, wo die als doppelt verantwortungsbewusste Aktivbürger angerufenen Individuen (vgl. Lessenich 2008: 82ff.) sich gegen Risiken schlicht deshalb nicht eigenverantwortlich absichern können, weil ihnen die Ressourcen zur privaten Vorsorge und Prävention fehlen (vgl. Jürgens 2010: 579, siehe Kapitel 2.2.6, S. 34 und Kapitel 3.1 S. 45).

Und schließlich sind auch familiäre Arrangements, die sich scheinbar jenseits geschlechtshierarchischer Arbeitsteilung bewegen, mit
neuen Belastungen und Handlungszwängen verbunden. Denn die
»verstärkte Erwerbsintegration von Frauen steht – ebenso wie das
emanzipatorische Leitbild – im Widerspruch zur anhaltenden Ungleichverteilung von Haus- und Familienarbeit« (ebd.: 575). Weil *die
Überforderten* typischerweise nicht nur als kreative Selbstunternehmerinnen, sondern auch als fürsorgliche Familienmanagerinnen adressiert sind, haben sie in gesteigerter Weise mit widersprüchlichen (Au-
tonomie-)Anforderungen zu kämpfen. Weil sie zudem mit der Reproduktionsarbeit weitestgehend allein gelassen werden und ihnen staatliche wie familiäre Unterstützung fehlen, können sie kaum den unterschiedlichen Erwartungen und Ansprüchen gerecht werden. In der
Figur *der Überforderten* zeigt sich, dass die »[a]lltägliche Lebensführung […] eine wachsende Diskrepanz zwischen Handlungserwartun-
gen und -möglichkeiten aushalten und bewältigen« muss (ebd.: 580).[51]
Im Typus *der Überforderten* wird also deutlich, dass infolge der
Veränderungen in der Arbeitswelt, des Umbaus des Sozialstaates und
des Wandels familiärer Arrangements Autonomieansprüche und -
anforderungen eine neue Bedeutung gewonnen haben, sich aber die
Erwartung und der Anspruch authentisch-selbstbestimmter Lebensführung aufgrund mangelnder Ressourcen, finanzieller Unsicherheiten
und oftmals widersprüchlicher Erwartungen vielfach nicht einlösen.
Während »[k]ulturelle Leitbilder sowie individuelle und externe Anspruchshaltungen […] Partizipation und Selbstentfaltung« verheißen,
»bleiben die Handlungsmöglichkeiten […] begrenzt, und es entstehen
neuartige Handlungszwänge« (ebd.). Die Figur *der Überforderten*

---

51 Damit deutet sich also an, dass sich Anforderungskonstellationen, vorhandene
    Autonomiespielräume und naheliegende Bearbeitungsmuster geschlechtsspezi-
    fisch unterscheiden – den in unserem Sample weiblichen Selbstunterneh-
    mer/innen, die nicht nur mit der sozialen Erwartung beruflichen Erfolgs konfron-
    tiert, sondern auch als fürsorgliche Mütter adressiert sind, stehen die flexiblen
    Leiharbeiter gegenüber, die frei von Beanspruchungen durch reproduktive Tä-
    tigkeiten zwar widerwillig, aber durchaus erfolgreich den an sie herangetragenen
    Anforderungen entsprechen können. Diesem sich andeutenden Muster entspre-
    chen Befunde aus der Prekarisierungsforschung, die zeigen, dass viele Frauen
    aufgrund der Beanspruchung durch familiäre Haus- und Sorgearbeit kaum eine
    andere Chance haben, Zugang zum Arbeitsmarkt zu erlangen, als durch die eige-
    ne Existenzgründung, da diese Tätigkeiten »zeitlich und räumlich variabler ge-
    staltet werden [können] als abhängige Erwerbsarbeit« (Bührmann 2012b: 146).

steht dafür, dass den Menschen Verantwortung für ihre Lebenslage zugeschrieben wird, unter Bedingungen, in denen sie kaum in der Lage sind, ihre Leben zu gestalten und Verantwortung zu übernehmen (vgl. Kocyba 2004: 20).

Weiterhin deutet sich in der Figur *der Überforderten* an, dass ein Teil der Prekarisierten trotz vorhandenem Bewusstsein für strukturelle begrenzte Handlungsspielräume und fehlende Handlungsressourcen die Tatsache, dass ihre Anstrengungen stets unzureichend bleiben, vor allem als Zeichen eigener Schwäche deutet. Es bestätigt sich also die Beobachtung von Claudia Globisch (2012: 151f.),

> dass Individuelles Scheitern an der sozialpolitisch gesetzten Erfolgs-bedingung der Existenzsicherung über Erwerb [...] im aktivierenden Sozialstaat [nicht nur] seitens der Sozialverwaltung [sondern auch] [...] von großen Teilen der Bevölkerung als persönlicher Misserfolg gedeutet [wird].

Die Diskrepanz zwischen zunehmenden (Autonomie-)Erwartungen und abnehmenden Handlungsmöglichkeiten legt schließlich zusammen mit der Erfahrung des als selbst verschuldet erlebten Scheiterns »eine systematische Überforderung nahe, als deren emotionales Resultat depressive Stimmungen und ähnliche Gefühlsstörungen mehr als wahrscheinlich sind« (Henning 2008: 389). Burnout und Depression sind dann nicht (nur) als Symptom in sich widersprüchlicher und nicht abschließbarer Anforderungen zu begreifen (siehe Kapitel 3.2.4), sondern – wie Henning nahelegt – auch als Ausdruck der »Nichtan-passung zwischen sozialen Möglichkeiten und diskursiven Anforde-rungen« (ebd.) zu verstehen.

Die Figur *der Überforderten* lässt sich also als Ausdruck der Dis-krepanz zwischen diskursiven Leitbildern bzw. institutionalisierten Autonomieanforderungen und sozialen Handlungsmöglichkeiten begreifen; die scheiternden Kreativunternehmer/innen leiden darunter, dass sie den multiplen Ansprüchen unmöglich entsprechen können und begreifen ihre stets unzureichenden Anstrengungen als Zeichen eigener Unzulänglichkeit.

Die Getriebenen als unfreiwillige Arbeitskraftunternehmer

Der Typus *der Getriebenen* (Kapitel 6.2.3) scheint vor allem Prekari-sierte in abhängiger Beschäftigung zu repräsentieren. In Folge der Deregulierung von Arbeit und der Ausbreitung atypischer Beschäftigungsverhältnisse sehen sich die produktionsnahen Angestellten typischer Weise weniger mit Kreativitäts- und Authentizitätserwartungen konfrontiert, als zu Flexibilität und Adaption gedrängt. Es bestätigt sich hier die Vermutung, dass die »Beschwörung eines allgemeinen Selbstverwirklichungsimperativ tendenziell de[n] Blick verstellt auf nach wie vor gesellschaftlich wie betrieblich existierende Disziplinarzwänge, Machthierarchien und soziale Exklusionsmuster« (Graefe 2015: 12).

In dem Typ der *Getriebenen* findet sich zudem die Figur des ›flexiblen und mobilen Menschen‹ wieder, der – wie Ludgar Heidbrink (2006: 141) formuliert – »in der Lage ist, mit kurzfristigen Beziehungen auszukommen, immer wieder neue Fertigkeiten und Fähigkeiten zu entwickeln und sich auf berufliche Herausforderungen einzustellen, die er ohne sichere Kenntnisse und eingeschliffene Routinen bewältigen muss«. Weil die Betriebe Leiharbeit im Sinne einer disponiblen Arbeitskraftreserve nutzen, auf die sie je nach Auftragslage flexibel zurückgreifen können, ohne langfristige Verpflichtungen und Verantwortung für die Beschäftigten zu übernehmen (vgl. Holst 2012: 218), haben die Beschäftigten kaum sichere Planungshorizonte und sind gefordert, zeitlich, räumlich und fachlich flexibel auf die wechselnden betrieblichen Anforderungen und Markterfordernisse zu reagieren. *Die Getriebenen* machen die Erfahrung, dass sie sich als flexible, stets veränderungsbereite Selbstunternehmer präsentieren müssen, »um beruflich oder gesellschaftlich Erfolg haben zu können« (Honneth 2010: 73).

Die Bereitschaft, den Flexibilitäts- und Adaptionsimperativen zu entsprechen und unsichere Arbeitsbedingungen in Kauf zu nehmen, ergibt sich dabei bei *den Getriebenen* nicht etwa aus der Internalisierung der Anforderungen und hegemonialen Leitbilder; vielmehr versuchen sie den Arbeitsmarkterfordernissen und betrieblichen Anforderungen nachzukommen, weil dies ihnen als die einzige Möglichkeit erscheint, die Hoffnung auf die zukünftige Verwirklichung ihrer subjektiven Ansprüche und Vorstellungen guter Arbeit und gelingenden Lebens aufrechterhalten zu können. Gerade auch die Drohkulisse des sozialen Abstiegs und der Wunsch, Erwerbslosigkeit und den Bezug von Sozialleistungen um jeden Preis zu vermeiden, drängen *die Getriebenen* dazu, mit allen Mitteln wenigstens die unsichere Beschäftigung zu halten (vgl. Motakef 2015: 58).

Die Getriebenen ähneln damit der Figur der *Um-Jeden-Preis-Arbeiterinnen* aus den Untersuchungen von Dörre et al. (2013). Denn wie *die Getriebenen* zeichnen sich die *Um-Jeden-Preis-Arbeiterinnen* dadurch aus, dass sie alles daran setzen, Erwerbslosigkeit zu vermeiden oder zu überwinden. Um dem Sozialleistungsbezug zu entkommen und »wenigstens die Aussicht auf eine halbwegs attraktive Berufstätigkeit« aufrechterhalten zu können (Dörre et al. 2013: 157), sind sie bereit, eigene Ansprüche zurückzustellen. »Eine prekäre Beschäftigung ist in den Augen der Befragten besser als keine.« (ebd.: 135)

Auch wenn sich *die Getriebenen* also durchaus im Sinne der Figur des ›Arbeitskraftunternehmers‹ mit Selbst-Ökonomisierung, Selbst-Kontrolle und Selbst-Rationalisierung (vgl. Kapitel 3.2.1, S. 46) auf die Realität der postfordistischen Arbeitswelt reagieren und mittels Flexibilität und Anpassungsbereitschaft versuchen, einer besseren Zukunft näher zu kommen, scheinen sie sich gesellschaftliche Erfordernisse gerade nicht wie der idealtypische Selbstunternehmer subjektiv anzueignen. Der objektive Zwang, die Verwertung der eigenen Arbeitskraft immer weiter zu treiben, erscheint *den Getrieben* gerade nicht als eigener Wunsch; vielmehr beugen sie sich unfreiwillig den je gegenwärtigen Anforderungen der Arbeitswelt.

Die Verweigerer als eigensinnige Non-Konformisten?

Die Figur *der Verweigerer* steht schließlich für eine Gruppe Arbeitsloser, die den Anspruch existenzsichernder Erwerbsarbeit aufgegeben hat und versucht, ihre eigenen (Autonomie-)Ansprüche gegen die sozialpolitischen Aktivierung- und Kontrollmaßnahmen zu verteidigen und jenseits der Arbeitswelt zu verwirklichen. Während einige der diesem Typus zugeordneten Befragten den an sie herangetragenen Anforderungen schlicht nicht mehr nachkommen wollen, weil sie die Erfahrung gemacht haben, dass sie trotz ihrer Anstrengungen kaum Aussicht auf den Einstieg in den ersten Arbeitsmarkt haben, scheinen sich andere Interviewte bewusst gegen die Ausübung einer beruflichen Tätigkeit entschieden zu haben, um den aus ihrer Sicht mit regulärer Erwerbsarbeit verbundenen Zumutungen zu entgehen. *Die Verweigerer* ähneln damit dem Typus der ›Nicht-Arbeiterinnen‹ aus den Studien von Dörre et al. (2013: 183ff.), die entweder die normative Orientierung an Erwerbsarbeit nach langjähriger Arbeitslosigkeit nach und nach aufgegeben haben, oder aber Erwerbsarbeit als ein Zwangsverhältnis wahrnehmen, dem sie sich unter keinen Umständen unterwerfen wollen.

Weil *die Verweigerer* in beiden Fällen erleben, dass gesellschaftliche (Autonomie-)Erwartungen, eigene (Autonomie-)Ansprüche und reale Handlungsspielräume im Widerspruch miteinander stehen, lässt sich diese Figur auch als Bestätigung für die Vermutung lesen, dass die Anerkennungs-, Sicherheits- und auch Selbstentfaltungsansprüche der Alltagshandelnden in den hegemonialen Selbstbestimmungs- und Eigenverantwortungsimperativen nicht oder nur zum Teil aufgehoben sind. Sehr deutlich erleben die *Verweigerer,* dass in der Arbeitswelt nur sehr spezifische Formen von Autonomie eine Rolle spielen – nämlich »die Autonomie der Umsetzung oder Ausführung spezifischer Handlungsanforderungen unter jeweils extern gesetzten Rahmenbedingungen« (Graefe 2015: 12). Weil zudem Kreativität, Authentizität und Emotionalität in der postfordistischen Arbeitswelt – anders als es die Vorstellung der Inwertsetzung der ›ganzen Persönlichkeit‹ suggeriert – nur erschlossen werden, sofern sie den je gegenwärtigen Markterfordernissen entsprechen und verwertbar sind (vgl. Graefe 2010c: 57), werden die subjektiven Erwartungen und Sehnsüchte *der Verweigerer* enttäuscht.

Die Verweigerer richten sich in ihrem Leben ohne Erwerbsarbeit ein, arrangieren sich mit ihrem Sozialleistungsbezug und versuchen ihre Ansprüche auf Privatautonomie, moralische Autonomie und ethische Autonomie – durchaus auch mittels politischem Engagement – gegen die (sozial-) staatlichen Institutionen zu verteidigen. Auch hier entsprechen *die Verweigerer* den ›Nicht-Arbeiterinnen‹, die ebenfalls »Lebensentwürfe jenseits regulärer Erwerbsarbeit entwickelt [haben] und [...] danach [streben], ihre Ansprüche an das Leben vor allem mittels Pflege sozialer Beziehungen und qua Ausübung von Alternativrollen zu realisieren« (Dörre et al. 2013: 183). Als eigensinnige Non-Konformisten versuchen *die Verweigerer* ihre eigenen Vorstellungen eines gelingenden Lebens jenseits der Erwerbsarbeit und in Abgrenzung von gesellschaftlichen Erwartungen zu verwirklichen.

7.2 Spekulativer Ausblick – Perspektiven der Selbstbestimmung

Selbstbestimmung ist, so die Ausgangsbeobachtung der Arbeit, in der Gegenwartsgesellschaft nicht nur subjektiver Anspruch, sondern – in bestimmten Formen und zu vorgegebenen Zwecken – Funktionserfordernis und Legitimationsgrundlage gesellschaftlicher Institutionen. Die Rekonstruktion typischer Konstellationen zwischen Anforderungen, Ansprüchen und Möglichkeiten der Selbstbestimmung deutet nun darauf hin, dass Selbstbestimmung nicht nur zum Problem wird, weil die Eigenverantwortungs-, Selbststeuerungs-, Aktivitäts-, Authentizitäts- und Kreativitätsimperative selbst im Widerspruch zueinander stehen und unabschließbar sind. Vielmehr wurde deutlich, dass die Menschen – wohl gerade auch in prekären Lebenslagen – zum einen auch damit zu kämpfen haben, dass äußere Autonomieerwartungen und eigene Autonomieansprüche nicht ineinander aufgehen (wie mit den Figuren *der Getriebenen* und *der Verweigerer* gezeigt*)*, und zum anderen außer Stande sind bzw. sich weigern, den institutionalisierten Autonomieanforderungen praktisch zu entsprechen (wie mit den Figuren *der Überforderten* und *der Verweigerer* angedeutet).

An diese Beobachtungen anschließend und die Arbeit abschließend lassen sich die Fragen stellen, welche sozialen Dynamiken aus den in den einzelnen Sozialfiguren aufgehobenen Konstellationen zwischen Autonomieanforderungen, Autonomieansprüchen und Autonomiespielräumen entstehen könnten und was dies für den Versuch einer soziologischen Gesellschaftskritik bedeutet.

Die Figur *der Bemühten* könnte zunächst als Symptom einer fortgeschrittenen Anpassung des Einzelnen an die gesellschaftlichen Verhältnisse, sprich als Ausdruck einer recht bruchlosen gesellschaftlichen Integration der Subjekte gelesen werden. *Die Bemühten* machen sich die zeitgenössische Eigenverantwortungsprogrammatik zu eigen und es gelingt ihnen, ihr eigenes Selbst entsprechend der Subjektform des sich und der Gesellschaft gegenüber verantwortlichen Aktivbürgers zu modellieren. *Die Bemühten* sind damit der zum flexiblen Kapitalismus passende Subjekttyp und fügen sich funktional ein in die Realität der postfordistischen Arbeitswelt und des aktivierenden Sozialstaates.

Die Figur *der Überforderten* könnte darauf hindeuten, dass die Kräfte der Menschen in den flexibilisierten, dezentralisierten und subjektivierten Arbeitsverhältnissen derart ausgenutzt werden, dass die Reproduktion der ›Ware Arbeitskraft‹ gefährdet ist. *Die Überforderten* können den verinnerlichten (Autonomie-)Anforderungen aufgrund multipler Inanspruchnahmen und begrenzter Handlungsressourcen nicht entsprechen und werden in die Erschöpfung getrieben. Wenn die überforderten Selbstunternehmer/innen ausgebrannt und schließlich außer Stande sind, sich erfolgreich auf dem Arbeitsmarkt zu verwerten, sich im Beruf selbst zu verwirklichen, ihr emotionales Innenleben zu rationalisieren und eigenverantwortlich die eigene Gesundheit und Leistungsfähigkeit zu erhalten, könnte die kapitalistische Akkumulationsdynamik gestört werden.

Die Getriebenen könnten wiederum dafür stehen, dass der Wiederspruch zwischen gesellschaftlichen Erwartungen und subjektiven Ansprüchen eine weitere Inwertsetzung subjektiver Ressourcen vorantreiben könnte. Gerade weil *die Getriebenen* versuchen, ihre eigenen sperrigen Wünsche und Vorstellungen zukünftig verwirklichen zu können, eignen sie sich jene Selbsttechniken an, die es ihnen ermöglichen, sich langfristig und konstant in der postfordistischen Arbeits- und Lebenswelt durchzusetzen. Die Spannung zwischen gesellschaftlichen Erwartungen und subjektiven Wünschen könnte hier gerade einer produktiven Innovations- und Anpassungsbereitschaft den Weg bereiten, die die kapitalistische Entwicklung vor ihrer eigenen Erschöpfung bewahrt (siehe ähnlich dieser Überlegung: Neckel & Wagner 2013: 214ff.).

Im entgegengesetzten Sinne und mit Blick auf die Figur *der Verweigerer* ließe sich die Spannung zwischen subjektiven Autonomieansprüchen und hegemonialen Eigenverantwortungsimperativen auch in Zusammenhang setzen mit der Möglichkeit von Protest und Widerstand. Denn *die Verweigerer* erleben, dass gesellschaftliche (Autonomie-)Anforderungen und eigene (Selbstbestimmungs-)Ansprüche nicht in einander aufgehen; ihnen bleiben – mit Honneth (2007: 90) gesprochen – die Zumutungen und »Verfehlungen der kapitalistischen Lebensform« erfahrbar. Weil *die Verweigerer* darunter leiden, dass sie unmöglich eigene Sehnsüchte und Vorstellungen mit der gesellschaftlichen Realität versöhnen können, sehnen sie sich nach einer anderen Einrichtung der Welt. Aus der Erfahrung des eigenen Nicht-Identischsein mit den gesellschaftlichen Erfordernissen und Anrufungen könnte sich also der Impuls zu Reflexion, Kritik und Widerstand ergeben (vgl. Honneth 2007: 91; Graefe 2010b: 306). *Die Verweigerer* könnten dann dafür stehen, dass die Bedürfnisse, Sehnsüchte und Ansprüche der Menschen in der gegenwärtigen kapitalistischen Gesellschaft nicht befriedigt werden, die Integration der Subjekte nicht schmerzfrei funktionieren kann, und deswegen die Möglichkeit des subjektiven Aufbegehrens bestehen bleibt.

Eine kritische Sozialforschung, die die Möglichkeit von Widerstand und Emanzipation an die aus der Spannung zwischen subjektiven Bedürfnis- und Sehnsuchtsstrukturen und hegemonialen Subjektivierungsaufforderungen entstehenden Leidenserfahrungen knüpft und die Figur der *Verweigerer* als Zeichen für die Möglichkeit nonkonformistischer Handlungsfähigkeit sehen möchte, steht jedoch vor der Herausforderung, Subjektivität als gezeichnet von und zugleich nicht-identisch mit den gesellschaftlichen Strukturen zu denken. Die soziologische Analyse ist gefordert, das individuelle Subjekt jenseits seiner gesellschaftlichen Form und Anrufung zu denken, ohne eine widerständige Natur des Menschen voraussetzen und etwa die Grenzen der subjektiven Anpassungsfähigkeit anthropologisch begründen zu müssen.

An dieser Stelle wurde vorgeschlagen, Subjektivität im Spannungsfeld von ›gesellschaftlichem Sollen‹, ›subjektivem Wollen‹ und ›individuellem Können‹ zu verorten. Die Ungleichzeitigkeit zwischen institutionalisierten Erwartungsmustern und individueller Verfasstheit lässt sich dabei denken, ohne subjektive Ansprüche, Sehnsüchte und Emotionen als vorgesellschaftlich begreifen zu müssen: Denn die Gefühls- und Bedürfnisstrukturen sowie Wahrnehmungs- Denk- und Handlungsmuster der Alltagshandelnden sind als subjektive Verarbeitungsformen institutionalisierter Anforderungen auf die gesellschaftliche Situation verwiesen, gleichzeitig entsprechen sie als Produkt individueller Alltagspraktiken nicht unmittelbar den Strukturerfordernissen und hegemonialen Leitbildern. Da Anrufungen und Anforderungen, Selbstansprüche, Sehnsüchte und Bedürfnisse sowie materielle Lebensbedingungen und körperliche Dispositionen also zwar vermittelt sind, jedoch nicht ineinander aufgehen, lässt sich das Nicht-Identische individueller Subjektivität denken, ohne einen Block ›menschlicher Natur‹ unvermittelt den gesellschaftlichen Strukturen gegenüber stellen zu müssen.

Das aus den qualitativen Differenzen zwischen ›gesellschaftlichem Sollen‹, ›subjektivem Wollen‹ und ›individuellem Können‹ resultierende menschliche Leid kann dann zwar zum Ausgangspunkt für eine zeitgenössische Gesellschaftskritik gemacht werden; der Grad der Verwirklichung der subjektiv formulierten (Autonomie-)Ansprüche kann jedoch nicht im Umkehrschluss zum positiven Maßstab eines ›gelingenden Lebens‹ erhoben werden. Denn wenn etwa die Bedürfnisse und Ansprüche *der Getriebenen* oder *der Verweigerer* zwar in Konflikt zu institutionalisierten Anforderungen und kulturellen Leitbildern geraten können, jedoch gleichzeitig durch die gesellschaftlichen Verhältnisse gezeichnet sind, lässt sich auf Grundlage dieser Sehnsüchte und Forderungen kein positives Bild einer befreiten Gesellschaft entwerfen.

In gesellschaftskritischer Absicht zu problematisieren wäre dann letztlich nicht allein, dass subjektive Autonomiefähigkeiten und Selbstverwirklichungsansprüche in der postfordistischen Arbeitswelt funktionalisiert werden und die als Selbstunternehmer angerufenen Individuen dazu neigen, sich im Kontext subjektivierter, deregulierter und flexibilisierter Arbeit bis über die Grenze der eigenen Reproduktionsfähigkeit selbst auszubeuten. Kritikwürdig wäre nicht nur, dass Alltagshandelnde an den unüberbrückbaren Differenzen zwischen ›gesellschaftlichem Sollen‹, ›subjektivem Wollen‹ und ›individuellem Können‹ leiden und ihnen vielmals die Ressourcen fehlen, den gesellschaftlichen Autonomieerwartungen und Selbstansprüchen entsprechen zu können. Vielmehr wäre auch und vor allem zu kritisieren, dass mit der strukturellen Einengung von Autonomie in Folge kapitalistischer Verwertungszwänge Erfahrungen, Reflexionsfähigkeiten und Formen persönlicher Freiheit abgeschnitten werden, die sich – eben weil sie innerhalb der gegenwärtigen Arbeits- und Lebensverhältnisse den Menschen selbst noch verschlossen sind – aus der Perspektive der bestehenden Gesellschaft nicht einmal als positives Gegenbild zum Status quo zeichnen lassen.

Literatur

Adorno, Theodor W. (2003[1955]): Zum Verhältnis von Soziologie und Psychologie. In: ders.: *Soziologische Schriften 1*. Frankfurt am Main: Suhrkamp. S. 42–84.

Alkemeyer, Thomas (2013): Subjektivierung in sozialen Praktiken. Umrisse einer praxeologischen Analytik. In: Thomas Alkemeyer, Gunilla Budde & Dagmar Freist (Hrsg.): *Selbst-Bildungen: Soziale und kulturelle Praktiken der Subjektivierung*. Bielefeld: transcript. S. 33–67.

Amling, Stefen & Alexander Geimer (2016): Techniken des Selbst in der Politik – Ansatzpunkte einer dokumentarischen Subjektivierungsanalyse. In: *Forum Qualitative Sozialforschung* 17 (3). Artikel 18.

Anderson, Joel (1994): Starke Wertungen, Wünsche zweiter Ordnung und intersubjektive Kritik. Überlegungen zum Begriff ethischer Autonomie. In: *Deutsche Zeitschrift für Philosophie* 42 (1). S. 97–109.

Anderson, Joel & Axel Honneth (2009): Autonomy, Vulnerability, Recognition, and Justice. In: John P. Christman & Joel Anderson (Hrsg.): *Autonomy and the challenges to liberalism: New essays*. Cambridge: Cambridge University Press. S. 127–149.

Aust, Judith, Silke Bothfeld & Simone Leiber (2006): Eigenverantwortung – Eine sozialpolitische Illusion? In: *WSI-Mitteilungen* 59 (4). S. 186–193.

Baethge, Martin (1991): Arbeit, Vergesellschaftung, Identität – zur zunehmenden normativen Subjektivierung der Arbeit. In: *Soziale Welt* 42 (1). S. 6–19.

Bahl, Friederike & Philipp Staab (2010): Das Dienstleistungsproletariat. In: *Mittelweg 36* (6). S. 66–93.

Beck, Ulrich (1994): *Riskante Freiheiten. Individualisierung in modernen Gesellschaften*. Frankfurt am Main: Suhrkamp.

Behrend, Olaf (2008): Aktivieren als Form sozialer Kontrolle. In: *APuZ* (40-41). S. 16–21.

Benn, Stanley I. (1996): *A theory of freedom.* Cambridge: Cambridge University Press.

Berlin, Isaiah (1992[1969]): *Four essays on liberty.* Oxford: Oxford University Press.

Bohnsack, Ralf (2008): *Rekonstruktive Sozialforschung. Einführung in qualitative Methoden.* Stuttgart: UTB.

Bohnsack, Ralf (2010): Documentary Method and Group Discussions. In: Ralf Bohnsack, Nicolle Pfaff & Wivian Weller (Hrsg.): *Qualitative analysis and documentary method in international educational research.* Opladen: Verlag Barbara Budrich. S. 99–124.

Bohnsack, Ralf (2013): Typenbildung, Generalisierung und komparative Analyse: Grundprinzipien der dokumentarischen Methode. In: Ralf Bohnsack, Iris Nentwig-Gesemann & Arnd-Michael Nohl (Hrsg.): *Die dokumentarische Methode und ihre Forschungspraxis. Grundlagen qualitativer Sozialforschung.* Wiesbaden: Springer VS. S. 241–270.

Bohnsack, Ralf, Iris Nentwig-Gesemann & Arnd-Michael Nohl (2013): Die dokumentarische Methode und ihre Forschungspraxis. Einleitung. In: dies. (Hrsg.): *Die dokumentarische Methode und ihre Forschungspraxis. Grundlagen qualitativer Sozialforschung.* Wiesbaden: Springer VS. S. 9–32.

Boltanski, Luc & Ève Chiapello (2013[1999]): *Der neue Geist des Kapitalismus.* Konstanz: UVK.

Bonoli, Giulliano (2010): The Political Economy of Active Labor-Market Policy. In: *Politics & Society* 38 (4). S. 435–457.

Borkenhagen, Ada, Elmar Brähler & Johann S. Ach (2012): *Die Selbstverbesserung des Menschen. Wunschmedizin und Enhancement aus medizinpsychologischer Perspektive.* Gießen: Psychosozial-Verlag.

Bothfeld, Silke, Sigried Gronbach & Kai Seibel (2004): Eigenverantwortung in der Arbeitsmarktpolitik: Zwischen Handlungsautonomie und Zwangsmaßnahmen. In: *WSI-Mitteilungen* (9). S. 507–513.

Bourdieu, Pierre (1998): Prekarität ist überall. In: ders.: *Wortmeldungen im Dienste des Widerstands gegen die neoliberale Invasion.* Konstanz: UVK. S. 96–102.

Brandon, Robert (2011): Freiheit und Bestimmtsein durch Nomen. In: Thomas Khurana & Christoph Menke (Hrsg.): *Paradoxien der Autonomie*. Berlin: August Verlag. S. 61–90.

Brinckmann, Ulrich, Klaus Dörre & Silke Röbenack (2006): *Prekäre Arbeit Ursachen, Ausmaß, soziale Folgen und subjektive Verarbeitungsformen unsicherer Beschäftigungsverhältnisse*. Bonn: Friedrich-Ebert-Stiftung.

Bröckling, Ulrich (2007): *Das unternehmerische Selbst. Soziologie einer Subjektivierungsform*. Frankfurt am Main: Suhrkamp.

Bröckling, Ulrich (2012): Der Ruf des Polizisten. Die Regierung des Selbst und ihre Widerstände. In: Reiner Keller, Werner Schneider & Willy Viehöver (Hrsg.): *Diskurs - Macht - Subjekt: Theorie und Empirie von Subjektivierung in der Diskursforschung*. Wiesbaden: Springer VS. S. 131–144.

Bührmann, Andrea (2010): Wider die theoretischen Erwartungen: Empirische Befunde zur Motivation von Unternehmensgründungen durch Migrant/innen. In: Andrea D. Bührmann & Hans J. Pongratz (Hrsg.): *Prekäres Unternehmertum: Unsicherheiten von selbstständiger Erwerbstätigkeit und Unternehmensgründung*. Wiesbaden: VS Verlag für Sozialwissenschaften. S. 271–293.

Bührmann, Andrea (2012a): Das unternehmerische Selbst. Subjektivierungsform oder Subjektvierungsweise? In: Reiner Keller, Werner Schneider & Willy Viehöver (Hrsg.): *Diskurs - Macht - Subjekt: Theorie und Empirie von Subjektivierung in der Diskursforschung*. Wiesbaden: Springer VS. S. 145–164.

Bührmann, Andrea (2012b): Unternehmertum jenseits des Normalunternehmertums. Für eine praxistheoretisch inspirierte Erforschung unternehmerischer Aktivitäten. In: *Berliner Journal für Soziologie* 22 (1). S. 129–156.

Butterwegge, Christoph (2006): *Krise und Zukunft des Sozialstaates*. Wiesbaden: VS Verlag für Sozialwissenschaften.

Castel, Robert (2000): *Die Metamorphosen der sozialen Frage. Eine Chronik der Lohnarbeit*. Konstanz: UVK.

Castel, Robert & Klaus Dörre (2009): *Prekarität, Abstieg, Ausgrenzung. Die soziale Frage am Beginn des 21. Jahrhunderts*. Frankfurt am Main: Campus.

Castoriadis, Cornelius (1990): *Gesellschaft als imaginäre Institution. Entwurf einer politischen Philosophie*. Frankfurt am Main: Suhrkamp.

Castoriadis, Cornelius (1990[1979]): Sozialismus und autonome Gesellschaft. In: Ulrich Rödel (Hrsg.): *Autonome Gesellschaft und libertäre Demokratie*. Frankfurt am Main: Suhrkamp. S. 329–357.

Castoriadis, Cornelius (2006): *Autonomie oder Barbarei*. Lich: Verlag Edition AV.

Christman, John P. (2011): *The politics of persons. Individual autonomy and socio-historical selves*. Cambridge: Cambridge University Press.

Clarke, John (2005): New Labour's citizens. Activated, empowered, responsibilized, abandoned? In: *Critical Social Policy* 25 (4). S. 447–463.

Cooke, Maeve (1993): Negative Freiheit? Zum Problem eines postmetaphysischen Freiheitsbegriffs. In: Christoph Menke & Martin Seel (Hrsg.): *Zur Verteidigung der Vernunft gegen ihre Liebhaber und Verächter:* Frankfurt am Main: Suhrkamp. S. 285–299.

Crouch, Colin (2015[2004]): *Postdemokratie*. Frankfurt am Main: Suhrkamp.

DAK (2017): *Gesundheitsreport 2017. Analyse der Arbeitsunfähigkeitsdaten*. Heidelberg: Medhochzwei Verlag.

Denninger, Tina et al. (2014): *Leben im Ruhestand. Zur Neuverhandlung des Alters in der Aktivgesellschaft*. Bielefeld: transcript.

Detje, Richard et al. (2011): *Krise ohne Konflikt. Interessen- und Handlungsorientierungen im Betrieb - die Sicht von Betroffenen*. Hamburg: VSA.

Deutscher Bundestag (2003): *Plenarprotokoll 15/32*. Online-Dokument: dip21.bundestag.de/dip21/btp/15/15032.pdf (letzter Abruf 15.08.2020).

Dietz, Karl-Martin (2013): Die Entdeckung der Autonomie bei den Griechen. In: *Forum Classicum* (4). S. 256–261.

Dörre, Klaus (2003): Das flexibel-marktzentrierte Produktionsmodell: Gravitationszentrum eines ›neuen Kapitalismus‹? In: Klaus Dörre & Bernd Röttger (Hrsg.): *Das neue Marktregime: Konturen eines nachfordistischen Produktionsmodells*. Hamburg: VSA. S. 7–34.

Dörre, Klaus (2006): Prekäre Arbeit. Unsichere Beschäftigungsverhältnisse und ihre sozialen Folgen. In: *Arbeit* 15 (3). S. 181–193.

Dörre, Klaus (2008): Prekarisierung der Arbeit. Fördert sie einen neuen Autoritarismus? In: Christoph Butterwegge (Hrsg.): *Rechtspopulismus, Arbeitswelt und Armut: Befunde aus Deutschland, Österreich und der Schweiz*. Opladen: Verlag Barbara Budrich. S. 241–254.

Dörre, Klaus, Stephan Lessenich & Hartmut Rosa (2009): *Soziologie – Kapitalismus – Kritik. Eine Debatte*. Frankfurt am Main: Suhrkamp.

Dörre, Klaus (2009a): Die neue Landnahme. Dynamiken und Grenzen des Finanzmarktkapitalismus. In: Klaus Dörre, Stephan Lessenich & Hartmut Rosa: *Soziologie - Kapitalismus - Kritik: Eine Debatte*. Frankfurt am Main: Suhrkamp. S. 21–86.

Dörre, Klaus (2009b): Kapitalismus, Beschleunigung, Aktivierung - eine Kritik. In: Klaus Dörre, Stephan Lessenich & Hartmut Rosa: *Soziologie - Kapitalismus - Kritik: Eine Debatte*. Frankfurt am Main: Suhrkamp. S. 181–204.

Dörre, Klaus (2013): Übriggebliebene und Verwundbare. Das Gesellschaftsbild des Prekariats in Fremdzuschreibungen und Selbstzeugnissen. In: Klaus Dörre, Anja Happ & Ingo Matuschek (Hrsg.): *Das Gesellschaftsbild der LohnarbeiterInnen: Soziologische Untersuchungen in ost- und westdeutschen Industriebetrieben*. Hamburg: VSA. S. 132–180.

Dörre, Klaus et al. (2013): *Bewährungsproben für die Unterschicht? Soziale Folgen aktivierender Arbeitsmarktpolitik*. Frankfurt am Main: Campus.

Dörre, Klaus, Anja Happ & Ingo Matuschek (2013): *Das Gesellschaftsbild der LohnarbeiterInnen. Soziologische Untersuchungen in ost- und westdeutschen Industriebetrieben*. Hamburg: VSA.

Dörre, Klaus, Hajo Holst & Ingo Matuschek (2013): Zwischen Firmenbewusstsein und Wachstumskritik. In: Klaus Dörre, Anja Happ & Ingo Matuschek (Hrsg.): *Das Gesellschaftsbild der LohnarbeiterInnen: Soziologische Untersuchungen in ost- und westdeutschen Industriebetrieben*. Hamburg: VSA. S. 198–261.

Dörre, Klaus & Ingo Matuschek (2013): Kapitalistische Landnahmen, ihre Subjekte und das Gesellschaftsbild der LohnarbeiterInnen. In: Klaus Dörre, Anja Happ & Ingo Matuschek (Hrsg.): *Das Gesellschaftsbild der LohnarbeiterInnen: Soziologische Untersuchungen in ost- und westdeutschen Industriebetrieben*. Hamburg: VSA. S. 29–53.

Dörre, Klaus (2014): Prekarität, Achsen der Ungleichheit und Sozialstruktur. In: Jörn Lamla et al. (Hrsg.): *Handbuch der Soziologie*. Konstanz: UVK. S. 397–415.

Ehrenberg, Alain (2008[1998]): *Das erschöpfte Selbst. Depression und Gesellschaft in der Gegenwart*. Frankfurt am Main: Suhrkamp.

Ehrenberg, Alain (2010): Depression: Unbehagen in der Kultur oder neuen Formen des Sozialität. In: Christoph Menke & Juliane Rebentisch

(Hrsg.): *Kreation und Depression: Freiheit im gegenwärtigen Kapitalismus*. Berlin: Kadmos. S. 52–62.

Ehrenberg, Alain (2012): *Das Unbehagen in der Gesellschaft*. Berlin: Suhrkamp.

Eichinger, Tobias (2011): Ausweitung der Kampfzone: Anti-Aging-Medizin zwischen Prävention und Lebensrettung. In: Peter Wehling & Willy Viehöver (Hrsg.): *Entgrenzung der Medizin. Von der Heilkunst zur Verbesserung des Menschen?* Bielefeld: transcript. S. 195–228.

Eichler, Lutz (2009): Dialektik der flexiblen Subjektivität. Beitrag zur Sozialcharakterologie des Postfordismus. In: Stefan Müller (Hrsg.): *Probleme der Dialektik heute*. Wiesbaden: VS Verlag für Sozialwissenschaften. S. 85–112.

Eichler, Lutz (2013): *System und Selbst. Arbeit und Subjektivität im Zeitalter ihrer strategischen Anerkennung*. Bielefeld: transcript.

Enders, Christoph (2011): Sozialstaatlichkeit im Spannungsfeld von Eigenverantwortung und Fürsorge. In: ders. et al. (Hrsg.): *Der Sozialstaat in Deutschland und Europa*. Berlin: de Gruyter. S. 7–52.

Esping-Andersen, Gosta (2004): Die gute Gesellschaft und der neue Wohlfahrtsstaat. In: *Zeitschrift für Sozialreform* 50 (1-2). S. 189–210.

Esser, Andrea (2011): Autonomie und Selbstbestimmung. In: *Deutsche Zeitschrift für Philosophie* 59 (6). S. 875–880.

Ferrara, Alessandro (1998): *Reflective Authenticity. Rethinking the Project of Modernity*. London: Routledge.

Fink, Marcel (2011): Armutsminderung durch arbeitsmarktpolitische Aktivierung. Konzeptionelle Überlegungen und EUropäische Überlegungen. In: Christine Stelzer-Orthofer (Hrsg.): *Aktivierung und Mindestsicherung: Nationale und europäische Strategien gegen Armut und Arbeitslosigkeit*. Wien: Mandelbaum. S. 30–49.

Forst, Rainer (2009): Political Liberty. Integrating Five Concepts of Autonomy. In: John P. Christman & Joel Anderson (Hrsg.): *Autonomy and the challenges to liberalism: New essays*. Cambridge: Cambridge University Press. S. 226–244.

Foucault, Michel (2000[1978]): Die Gouvernementalität. In: Ulrich Bröckling, Susanne Krasmann & Thomas Lemke (Hrsg.): *Gouvernementalität der Gegenwart: Studien zur Ökonomisierung des Sozialen*. Frankfurt am Main: Suhrkamp. S. 41–67.

Frankfurt, Harry G. (1971): Freedom of the Will and the Concept of a Person. In: *The Journal of Philosophy* 68 (1). S. 5–20.

Frericks, Patricia (2014): Unifying self-responsibility and solidarity in social security institutions. The circular logic of welfare-state reforms in Europe. In: *European Societies* 16 (4). S. 522–542.

Friedman, Marilyn (2003): *Autonomy, gender, politics.* Oxford: Oxford University Press.

Fuchs, Christian (2001): *Soziale Selbstorganisation im informationsgesellschaftlichen Kapitalismus. Krise und Kritik in der Informationsgesellschaft.* Norderstedt: Books on Demand.

Gamm, Gerhard (1997): *Der deutsche Idealismus. Eine Einführung in die Philosophie von Fichte, Hegel und Schelling.* Stuttgart: Reclam.

Gamm, Gerhard (2013): Das Selbst und sein Optimum. Selbstverbesserung als das letzte Anliegen der modernen Kultur. In: Ralf Mayer, Christiane Thompson & Michael Wimmer (Hrsg.): *Inszenierung und Optimierung des Selbst.* Wiesbaden: Springer VS. S. 31–53.

Geimer, Alexander (2014): Das authentische Selbst in der Popmusik – Zur Rekonstruktion von diskursiven Subjektfiguren sowie ihrer Aneignung und Aushandlung mittels der Dokumentarischen Methode. In: *Österreichische Zeitschrift für Soziologie* 39 (2). S. 111–130.

Gertenbach, Lars (2011): Cornelius Castoriadis. Gesellschaftliche Praxis und radikale Imagination. In: Stephan Moebius & Dirk Quadflieg (Hrsg.): *Kultur. Theorien der Gegenwart.* Wiesbaden: VS Verlag für Sozialwissenschaften. S. 277–289.

Geuss, Raymond (1995): Auffassungen der Freiheit. In: *Zeitschrift für philosophische Forschung* 49 (1). S. 1–14.

Glauser, Laura (2016): *Das Projekt des unternehmerischen Selbst.* Bielefeld: transcript.

Globisch, Claudia (2012): Strukturwandel sozialpolitischer Steuerung? In: *Österreichische Zeitschrift für Soziologie* 37 (1). S. 133–154.

Goodin, Robert E. (1982): Freedom and the Welfare State. Theoretical Foundations. In: *Journal of Social Policy* 11 (2). S. 149–176.

Gorz, André (2000): *Arbeit zwischen Misere und Utopie.* Frankfurt am Main: Suhrkamp.

Graefe, Stefanie (2010a): An den Grenzen der Verwertbarkeit. Erschöpfung im flexiblen Kapitalismus. In: Karina Becker et al. (Hrsg.): *Grenzverschiebungen des Kapitalismus: Umkämpfte Räume und Orte des Widerstands.* Frankfurt am Main: Campus. S. 229–252.

Graefe, Stefanie (2010b): Effekt, Stützpunkt, Überzähliges? Subjektivität zwischen hegemonialer Rationalität und Eigensinn. In: Johannes

Angermüller & Silke van Dyk (Hrsg.): *Diskursanalyse meets Gouvernementalitätsforschung: Perspektiven auf das Verhältnis von Subjekt, Sprache, Macht und Wissen*. Frankfurt am Main: Campus. S. 289–313.

Graefe, Stefanie (2010c): ›Selber auch total überfordert‹. Arbeitsbedingte Erschöpfung als performativer Sprechakt. In: Alex Demirović, Christina Kaindl & Alfred Krovoza (Hrsg.): *Das Subjekt: Zwischen Krise und Emanzipation*. Münster: Westfälisches Dampfboot. S. 49–64.

Graefe, Stefanie (2011): Formierte Gefühle - erschöpfte Subjekte. In: Cornelia Koppetsch (Hrsg.): *Nachrichten aus den Innenwelten des Kapitalismus: Zur Transformation moderner Subjektivität*. Wiesbaden: VS Verlag für Sozialwissenschaften. S. 139–154.

Graefe, Stefanie (2015): Subjektivierung, Erschöpfung, Autonomie: eine Analyseskizze. In: *Ethik und Gesellschaft. Ökumenische Zeitschrift für Sozialethik* (2). Artikel 3.

Griesser, Markus (2011): Zwischen Zwang und Autonomie Hartz IV und der Ansatz einer aktivierenden Sozialhilfe-und Arbeitsmarktpolitik in Deutschland. In: Christine Stelzer-Orthofer (Hrsg.): *Aktivierung und Mindestsicherung: Nationale und europäische Strategien gegen Armut und Arbeitslosigkeit*. Wien: Mandelbaum. S. 109–121.

Grimm, Natalie, Andreas Hirseland & Berthold Vogel (2013): Die Ausweitung der Zwischenzone. Erwerbsarbeit im Zeichen der neuen Arbeitsmarktpolitik. In: *Soziale Welt* 64 (3). S. 249–268.

Gruber, Johannes (2010): Der flexible Sozialcharakter. In: Alex Demirović, Christina Kaindl & Alfred Krovoza (Hrsg.): *Das Subjekt: Zwischen Krise und Emanzipation*. Münster: Westfälisches Dampfboot. S. 96–112.

Gugutzer, Robert (2012): *Verkörperungen des Sozialen. Neophänomenologische Grundlagen und soziologische Analysen.* Bielefeld: transcript.

Günther, Klaus (2002): Zwischen Ermächtigung und Disziplinierung. Verantwortung im gegenwärtigen Kapitalismus. In: Axel Honneth (Hrsg.): *Befreiung aus der Mündigkeit. Paradoxien des gegenwärtigen Kapitalismus.* Frankfurt am Main: Campus. S. 117–139.

Habermas, Jürgen (1988): *Der philosophische Diskurs der Moderne. Zwölf Vorlesungen.* Frankfurt am Main: Suhrkamp.

Habermas, Jürgen (1998[1992]): *Faktizität und Geltung. Beiträge zur Diskurstheorie des Rechts und des demokratischen Rechtsstaats.* Frankfurt am Main: Suhrkamp.

Hayek, Friedrich A. (2005[1960]): *Die Verfassung der Freiheit*. Tübingen: Mohr Siebeck.

Heidbrink, Ludger (2006): Grenzen der Verantwortungsgesellschaft. In: Ludger Heidbrink & Alfred Hirsch (Hrsg.): *Verantwortung in der Zivilgesellschaft: Zur Konjunktur eines widersprüchlichen Prinzips*. Frankfurt am Main: Campus. S. 129–150.

Heinrich, Michael (2005): *Kritik der politischen Ökonomie. Eine Einführung*. Stuttgart: Schmetterling-Verlag.

Henning, Christoph (2008): Vom Systemvertrauen zur Selbstverantwortung: Der Wandel kapitalistischer Gefühlskultur und seine seelischen Kosten. In: Alfred Hirsch (Hrsg.): *Verantwortung als marktwirtschaftliches Prinzip: Zum Verhältnis von Moral und Ökonomie*. Frankfurt am Main: Campus. S. 373–394.

Herder, Johann G. (2013[1820]): *Ideen zu Geschichte der Philosophie der Menschheit*. Berlin: Create Space Independent Publishing Platform.

Hill, Thomas E. (1995): *Autonomy and self-respect*. Cambridge: Cambridge University Press.

Hirsch, Joachim (2002): *Postfordismus. Dimensionen einer neuen kapitalistischen Formation*. Onlinedokument: http://www.trend.infopartisan.net/trd0402/t090402.html (letzter Abruf: 15.08.2020).

Hirsch, Joachim & Roland Roth (1986): *Das neue Gesicht des Kapitalismus. Vom Fordismus zum Post-Fordismus*. Hamburg: VSA.

Hirseland, Andreas & Philipp Ramos Lobato (2014): ›Die wollen ja ein bestimmtes Bild vermitteln‹. Zur Neupositionierung von Hilfeempfängern im aktivierenden Sozialstaat. In: *SWS-Rundschau* 54 (2). S. 181–200.

Hobbes, Thomas (2006[1651]): *Leviathan. Oder Stoff, Form und Gewalt eines kirchlichen und bürgerlichen Staates*. Frankfurt am Main: Suhrkamp.

Holst, Hajo (2012): ›Du musst Dich jeden Tag aufs Neue bewerben‹ – Leiharbeit im aktivierenden Kapitalismus. In: Karin Scherschel, Peter Streckeisen & Manfred Krenn (Hrsg.): *Neue Prekarität: Die Folgen aktivierender Arbeitsmarktpolitik - europäische Länder im Vergleich*. Frankfurt am Main: Campus. S. 215–236.

Honneth, Axel (1993): Dezentrierte Autonomie. Moralphilosophische Konsequenzen aus der modernen Subjektkritik. In: Christoph Menke & Martin Seel (Hrsg.): *Zur Verteidigung der Vernunft gegen ihre Liebhaber und Verächter*. Frankfurt am Main: Suhrkamp. S. 149–163.

Honneth, Axel (2007): Eine Physiognomie der kapitalistischen Lebensform. Skizze der Gesellschaftstheorie Adornos. In: ders.: *Pathologien der Vernunft: Geschichte und Gegenwart der Kritischen Theorie.* Frankfurt am Main: Suhrkamp. S. 70–92.

Honneth, Axel (2010[2002]): Organisierte Selbstverwirklichung. Paradoxien der Individualisierung. In: Christoph Menke & Juliane Rebentisch (Hrsg.): *Kreation und Depression: Freiheit im gegenwärtigen Kapitalismus.* Berlin: Kadmos. S. 61–80.

Honneth, Axel (2011): *Das Recht der Freiheit. Grundriß einer demokratischen Sittlichkeit.* Berlin: Suhrkamp.

Hürtgen, Stefanie & Stephan Voswinkel (2012): Subjektivierung der Biographie. Lebensorientierungen und Anspruchshaltungen. In: *Österreichische Zeitschrift für Soziologie* 37 (4). S. 347–365.

Illouz, Eva (2007): *Gefühle in Zeiten des Kapitalismus.* Frankfurt am Main: Suhrkamp.

Illouz, Eva (2009): *Die Errettung der modernen Seele. Therapien, Gefühle und die Kultur der Selbsthilfe.* Frankfurt am Main: Suhrkamp.

Jaeggi, Rahel (2005): *Entfremdung. Zur Aktualität eines sozialphilosophischen Problems.* Frankfurt am Main: Campus.

Joas, Hans & Wolfgang Knöbl (2011): *Sozialtheorie. 20 einführende Vorlesungen.* Berlin: Suhrkamp.

Jürgens, Kerstin (2010): Deutschland in der Reproduktionskrise. In: *Leviathan* 38 (4). S. 559–587.

Kalleberg, Arne L. (2009): Precarious Work, Insecure Workers: Employment Relations in Transition. In: *American Sociological Review* 74 (1). S. 1–22.

Kalyvas, Andreas (2001): The Politics of Autonomy and the Challenge of Deliberation: Castoriadis Contra Habermas. In: *Thesis Eleven* 64 (1). S. 1–19.

Kant, Immanuel (2017[1786]): *Grundlegung zur Metaphysik der Sitten.* Stuttgart: Reclam.

Katz, Stephen (2000): Busy Bodies: Activity, Aging, and the Management of Everyday Life. In: *Journal of Aging Studies* 14 (2). S. 135–152.

Katz, Stephen & Bryan Green (2002): The Government of Detail: The Case of Social Policy on Aging. In: *Journal of Aging and Identity* 7 (3). S. 149–163.

Kaufmann, Franz-Xaver (2006): ›Verantwortung‹ im Sozialstaatsdiskurs. In: Ludger Heidbrink & Alfred Hirsch (Hrsg.): *Verantwortung in der Zivilgesellschaft: Zur Konjunktur eines widersprüchlichen Prinzips.* Frankfurt am Main: Campus. S. 39–60.

Kaufmann, Matthias (2013): Wem gehört die Autonomie? Vom politischen Umgang mit einem zentralen Begriff neuzeitlicher Philosophie. In: Stefan Lang & Lars-Thade Ulrichs (Hrsg.): *Subjektivität und Autonomie: Praktische Selbstverhältnisse in der klassischen deutschen Philosophie.* Berlin: de Gruyter. S. 151–170.

Khurana, Thomas (2011): Paradoxien der Autonomie. Zur Einleitung. In: Thomas Khurana & Christoph Menke (Hrsg.): *Paradoxien der Autonomie.* Berlin: August Verlag. S. 7–23.

King, Vera (2013): Die Macht der Dringlichkeit. Kultureller Wandel von Zeitgestaltungen und psychischen Verarbeitungsmustern. In: *Swiss Archives of Neurology and Psychiatry* 164 (7). S. 223–231.

Kleemann, Frank, Uwe Krähnke & Ingo Matuschek (2009): *Interpretative Sozialforschung. Eine praxisorientierte Einführung.* Wiesbaden: VS Verlag für Sozialwissenschaften.

Klostermeier, Birgit (2011): *Das unternehmerische Selbst der Kirche. Eine Diskursanalyse.* Berlin: de Gruyter.

Kocyba, Hermann (2004): Aktivierung. In: Ulrich Bröckling, Susanne Krasmann & Thomas Lemke (Hrsg.): *Glossar der Gegenwart.* Frankfurt am Main: Suhrkamp. S. 17–22.

Kocyba, Hermann (2005): Selbstverwirklichungszwänge und neue Unterwerfungsformen: Paradoxien der Gesellschaftskritik. In: Arbeitsgruppe SubArO (Hrsg.): *Ökonomie der Subjektivität - Subjektivität der Ökonomie.* Berlin: Edition sigma. S. 79–93.

Köhler, Christoph et al. (2014): Der Arbeitskraftunternehmer ist tot - es lebe der Arbeitskraftunternehmer! Anmerkungen zur Frage der Selbstvermarktung abhängig Beschäftigter. In: *AIS-Studien* 7 (1). S. 109–125.

Krähnke, Uwe (2007): *Selbstbestimmung. zur gesellschaftlichen Konstruktion einer normativen Leitidee.* Weilerswist: Velbrück Wissenschaft.

Kronauer, Martin & Günther Schmid (2011): Ein selbstbestimmtes Leben für alle. Gesellschaftliche Voraussetzungen von Autonomie. In: *WSI-Mitteilungen* 64 (4). S. 155–162.

Kuda, Eva (2002): *Arbeitnehmer als Unternehmer? Herausforderungen für Gewerkschaften und berufliche Bildung.* Hamburg: VSA.

Lang, Stefan & Lars-Thade Ulrichs (2013): Subjektivität und Autonomie: Einführung in ein Grundlagenthema der praktischen Philosophie. In: dies. (Hrsg.): *Subjektivität und Autonomie: Praktische Selbstverhältnisse in der klassischen deutschen Philosophie*. Berlin: de Gruyter. S. 1–32.

Lemke, Thomas (2000): Die Regierung der Risiken. Von der Eugenetik zur genetischen Gouvernementalität. In: Ulrich Bröckling, Susanne Krasmann & Thomas Lemke (Hrsg.): *Gouvernementalität der Gegenwart: Studien zur Ökonomisierung des Sozialen*. Frankfurt am Main: Suhrkamp. S. 227–264.

Lemke, Thomas, Ulrich Bröckling & Susanne Krasmann (2000): Gouvernementalität, Neoliberalismus und Selbsttechnologien. Eine Einleitung. In: Ulrich Bröckling, Susanne Krasmann & Thomas Lemke (Hrsg.): *Gouvernementalität der Gegenwart: Studien zur Ökonomisierung des Sozialen*. Frankfurt am Main: Suhrkamp. S. 7–40.

Lessenich, Stephan (2008): *Die Neuerfindung des Sozialen. Der Sozialstaat im flexiblen Kapitalismus*. Bielefeld: transcript.

Lindemann, Gesa (2007): *Das Soziale von seinen Grenzen her denken*. Weilerswist: Velbrück Wissenschaft.

Loacker, Bernadette (2010): *Kreativ prekär. Künstlerische Arbeit und Subjektivität im Postfordismus*. Bielefeld: transcript.

Mackenzie, Catriona & Natalie Stoljar (2000): *Relational Autonomy. Feminist Perspectives on Automony, Agency, and the Social Self*. Ocford: Oxford University Press.

Mannheim, Karl (1980[1925]): *Strukturen des Denkens*. Frankfurt am Main: Suhrkamp.

Marchart, Oliver (2013a): *Das unmögliche Objekt. Eine postfundamentalistische Theorie der Gesellschaft*. Berlin: Suhrkamp.

Marchart, Oliver (2013b): *Facetten der Prekarisierungsgesellschaft. Prekäre Verhältnisse. Sozialwissenschaftliche Perspektiven auf die Prekarisierung von Arbeit und Leben*. Bielefeld: transcript.

Marquardsen, Kai (2011): Eigenverantwortung ohne Selbstbestimmung. Zum Verhältnis von Autonomie und Heteronomie in der aktivierenden Arbeitsmarktpolitik. In: *Prokla* 41 (163). S. 231–251.

Marshall, Thomas H. (2000[1949]): Staatsbürgerrechte und soziale Klassen. In: Jürgen Mackert & Hans-Peter Müller (Hrsg.): *Citizenship - Soziologie der Staatsbürgerschaft*. Wiesbaden: VS Verlag für Sozialwissenschaften. S. 45–102.

Matuschek, Ingo, Frank Kleemann & Cornelis Brinkhoff (2004): ›Bringing Subjectivity back in‹. Notwendige Ergänzungen zum Konzept des Arbeitskraftunternehmers. In: Hans J. Pongratz & G.-Günter Voß (Hrsg.): *Typisch Arbeitskraftunternehmer?: Befunde der empirischen Arbeitsforschung.* Berlin: Edition sigma. S. 115–138.

Menke, Christoph (2011): Autonomie und Befreiung. In: Thomas Khurana & Christoph Menke (Hrsg.): *Paradoxien der Autonomie.* Berlin: August Verlag. S. 149–184.

Merkel, Wolfgang & Werner Krause (2015): Krise der Demokratie? Ansichten von Experten und Bürgern. In: Wolfgang Merkel (Hrsg.): *Demokratie und Krise: Zum schwierigen Verhältnis von Theorie und Empirie.* Wiesbaden: Springer VS. S. 46–65.

Meuser, Michael (2013): Die Repräsentation sozialer Strukturen im Wissen. Dokumentarische Methode und Habitusrekonstruktion. In: Ralf Bohnsack, Iris Nentwig-Gesemann & Arnd-Michael Nohl (Hrsg.): *Die dokumentarische Methode und ihre Forschungspraxis. Grundlagen qualitativer Sozialforschung.* Wiesbaden: Springer VS. S. 223–239.

Motakef, Mona (2015): *Prekarisierung.* Bielefeld: transcript.

Mückenberger, Ulrich (1987): Zur Krise des Normalarbeitsverhältnisses. In: Jürgen Friedrichs (Hrsg.): *23. Deutscher Soziologentag 1986: Sektions- und Ad-hoc-Gruppen.* Opladen: Westdeutscher Verlag. S. 118–121.

Neckel, Sighard (2008): *Flucht nach vorn. Die Erfolgskultur der Marktgesellschaft.* Frankfurt am Main: Campus.

Neckel, Sighard & Greta Wagner (2013): Erschöpfung als ›schöpferische Zerstörung‹. Burnout und gesellschaftlicher Wandel. In: dies. (Hrsg.): *Leistung und Erschöpfung: Burnout in der Wettbewerbsgesellschaft.* Berlin: Suhrkamp. S. 203–218.

Neckel, Sighard & Greta Wagner (2014): Burnout. Soziales Leiden an Wachstum und Wettbewerb. In: *WSI-Mitteilungen* (7/2014). S. 536–542.

Niesen, Peter (2009): Die politische Theorie des Libertarianismus: Robert Nozick und Friedrich A. von Hayek. In: André Brodocz & Gary S. Schaal (Hrsg.): *Politische Theorien der Gegenwart I: Eine Einführung.* Opladen: Leske & Budrich. S. 69–110.

Nohl, Arnd-Michael (2010): Narrative Interview and Documentary Interpretation. In: Bohnsack et al. (Hrsg.): *Qualitative analysis and documentary method in international educational research.* Opladen: Verlag Barbara Budrich. S. 195–217.

Nohl, Arnd-Michael (2012): *Interview und dokumentarische Methode. Anleitungen für die Forschungspraxis.* Wiesbaden: Springer VS.

Nohl, Arnd-Michael (2013a): Komparative Analyse: Forschungspraxis und Methodologie dokumentarischer Interpretation. In: Ralf Bohnsack, Iris Nentwig-Gesemann & Arnd-Michael Nohl (Hrsg.): *Die dokumentarische Methode und ihre Forschungspraxis. Grundlagen qualitativer Sozialforschung.* Wiesbaden: Springer VS. S. 271–294.

Nohl, Arnd-Michael (2013b): *Relationale Typenbildung und Mehrebenenvergleich. Neue Wege der dokumentarischen Methode.* Wiesbaden: Springer VS.

Nozick, Robert (2013[1974]): *Anarchy, state, and utopia.* New York: Basic Books.

Nullmeier, Frank (2005): Paradoxien der Eigenverantwortung. In: *ZeS Report* 10 (1). S. 1–4.

Oshana, Marina A. L. (1998): Personal Autonomy and Society. In: *Journal of Social Philosophy* 29 (1). S. 81–102.

Papst Pius XI (1931): *Enzyklika QUADRAGESIMO ANNO.* Onlinedokument: http://www.christusrex.org/www1/overkott/quadra.htm (letzter Abruf 15.08.2020)

Parthe, Eva-Maria (2011): *Authentisch leben? Erfahrung und soziale Pathologien in der Gegenwart.* Frankfurt am Main: Campus.

Pfahl, Lisa & Boris Traue (2012): Die Erfahrung des Diskurses. Zur Methode der Subjektivierungsanalyse in der Untersuchung von Bildungsprozessen. In: Reiner Keller & Inga Truschkat (Hrsg.): *Methodologie und Praxis der wissenssoziologischen Diskursanalyse.* Wiesbaden: Springer VS. S. 425–450.

Pieper, Annemarie (1998): Autonomie. In: Wilhelm Korff et al. (Hrsg.): *Lexikon der Bioethik. Band 1.* Gütersloh: Gütersloher Verlagshaus. S. 289–293.

Pinkard, Terry (2011): Das Paradox der Autonomie: Kants Problem und Hegels Lösung. In: Thomas Khurana & Christoph Menke (Hrsg.): *Paradoxien der Autonomie.* Berlin: August Verlag. S. 25–60.

Pongratz, Hans J. & G.-Günter Voß (1998): Der Arbeitskraftunternehmer. Eine neuen Grundform der ›Ware Arbeitskraft‹? In: *Kölner Zeitschrift für Soziologie und Sozialpsychologie* 50 (1). S. 131–158.

Pongratz, Hans J. & G.-Günter Voß (2003): *Arbeitskraftunternehmer: Erwerbsorientierungen in entgrenzten Arbeitsformen.* Berlin: Edition sigma.

Pongratz, Hans J. & G.-Günter Voß (2004): *Typisch Arbeitskraftunternehmer? Befunde der empirischen Arbeitsforschung.* Berlin: Edition sigma.

Przyborski, Aglaja & Monika Wohlrab-Sahr (2008): *Qualitative Sozialforschung. Ein Arbeitsbuch.* München: Oldenbourg Wissenschaftsverlag.

Reckwitz, Andreas (2010): *Subjekt.* Bielefeld: transcript.

Reckwitz, Andreas (2012): *Die Erfindung der Kreativität. Zum Prozess gesellschaftlicher Ästhetisierung.* Berlin: Suhrkamp.

Riesinger, Robert F. (2016): Prekarisierung und Prekarität. In: Rolf Hepp, Robert Riesinger & David Kergel (Hrsg.): *Verunsicherte Gesellschaft: Prekarisierung auf dem Weg in das Zentrum.* Wiesbaden: Springer VS. S. 227–238.

Ritter, Joachim, Karlfried Gründer & Gottfried Gabriel (2007): *Historisches Wörterbuch der Philosophie.* Basel: Schwabe.

Rödl, Sebastian (2011): Selbstgesetzgebung. In: Thomas Khurana & Christoph Menke (Hrsg.): *Paradoxien der Autonomie.* Berlin: August Verl. S. 91–111.

Rosa, Hartmut (2009a): Kapitalismus als Dynamisierungsspirale - Soziologie als Gesellschaftskritik. In: Klaus Dörre, Stephan Lessenich & Hartmut Rosa: *Soziologie - Kapitalismus - Kritik: Eine Debatte.* Frankfurt am Main: Suhrkamp. S. 87–125.

Rosa, Hartmut (2009b): Kritik der Zeitverhältnisse. Beschleunigung und Entfremdung als Schlüsselbegriffe der Sozialkritik. In: Rahel Jaeggi & Tilo Wesche (Hrsg.): *Was ist Kritik?* Frankfurt am Main: Suhrkamp. S. 23–54.

Rosa, Hartmut (2010): Autonomieerwartung und Authentizitätsanspruch. Das Versprechen der Aufklärung und die Orientierungskrise der Gegenwart. In: Olaf Breidbach & Hartmut Rosa (Hrsg.): *Laboratorium Aufklärung.* München: Fink. S. 199–215.

Rosa, Hartmut (2012): *Weltbeziehungen im Zeitalter der Beschleunigung. Umrisse einer neuen Gesellschaftskritik.* Berlin: Suhrkamp.

Rosenthal, Gabriele (2008): *Interpretative Sozialforschung. Eine Einführung.* Weinheim: Juventa.

Rousseau, Jean-Jacques (2000[1726]): *Vom Gesellschaftsvertrag. Oder die Grundlagen des politischen Rechts.* Frankfurt am Main: Insel Verlag.

Sachße, Christoph (1994): Subsidiarität – zur Karriere eines sozialpolitischen Ordnungsbegriffs. In: *Zeitschrift für Sozialreform* 40 (11). S. 717–738.

Sauer, Franz-Josef & Michael Kossens (2011): *SGB II, Grundsicherung für Arbeitsuchende. Kommentar zum SGB II*: Freiburg: Haufe Verlag.

Schäfer, Armin (2010): Die Folgen sozialer Ungleichheit für die Demokratie in Westeuropa. In: *Zeitschrift für Vergleichende Politikwissenschaft* 4 (1). S. 131–156.

Schelsky, Helmut (1976): *Der selbständige und der betreute Mensch. Politische Schriften und Kommentare*. Stuttgart: Seewald.

Scherschel, Karin & Melanie Booth (2012): Aktivierung in die Prekarität: Folgen der Arbeitsmarktpolitik in Deutschland. In: Karin Scherschel, Peter Streckeisen & Manfred Krenn (Hrsg.): *Neue Prekarität: Die Folgen aktivierender Arbeitsmarktpolitik - europäische Länder im Vergleich*. Frankfurt am Main: Campus. S. 17–46.

Schmid, Josef (2010): *Wohlfahrtsstaaten im Vergleich. Soziale Sicherung in Europa: Organisation, Finanzierung, Leistungen und Probleme*. Wiesbaden: VS Verlag für Sozialwissenschaften.

Schmidt, Manfred G. (2012): *Anlässe und Ursachen von Demokratiezufriedenheit und -unzufriedenheit*. Onlinedokument: http://www.bpb.de/politik/grundfragen/deutsche-verhaeltnisse-eine-sozialkunde/138706/demokratiezufriedenheit (letzter Abruf 15.08.2020).

Schramme, Thomas (2011): Selbstbestimmung zwischen Perfektionismus und Voluntarismus. In: *Deutsche Zeitschrift für Philosophie* 59 (6). S. 881–896.

Schreyer, Franziska, Franz Zahradnik & Susanne Götz (2012): Lebensbedingungen und Teilhabe von jungen sanktionierten Arbeitslosen im SGB II. In: *Sozialer Fortschritt* 61 (9). S. 213–220.

Schröder, Gerhard & Tony Blair (1999): Der Weg nach vorn für Europas Sozialdemokraten. In: *Blätter für deutsche und internationale Politik* (7). S. 887–896.

Schütz, Ronja, Elisabeth Hildt & Jürgen Hampel (2016): *Neuroenhancement. Interdisziplinäre Perspektiven auf eine Kontroverse*. Bielefeld: transcript.

Schütze, Fritz (1983): Biographieforschung und narrative Interviews. In: *Neue Praxis* 13 (3). S. 283–293.

Seidel, Christian (2011): Personale Autonomie als praktische Autorität. In: *Deutsche Zeitschrift für Philosophie* 59 (6). S. 897–915.

Sennet, Richard (2000): *Der flexible Mensch. Die Kultur des neuen Kapitalismus*. München: Goldmann.

Sichler, Ralph (2005): Autonomie im Kontext der Entgrenzung von Arbeit und Lebensführung: Entwurf einer sozialphilosophisch begründeten Perspektive. In: *Journal für Psychologie* 13 (1-2). S. 102–124.

Sophokles (1996): *Antigone. Tragödie*. Stuttgart: Reclam.

Spree, Axel (2003): Autonomie. In: Wulff D. Rehfus (Hrsg.): *Handwörterbuch Philosophie*. Göttingen: Vandenhoeck & Ruprecht.

Spreen, Dierk (2015): *Upgradekultur. Der Körper in der Enhancement-Gesellschaft*. Bielefeld: transcript.

Standing, Guy (2014): *The Precariat. The New Dangerous Class*. London & New York: Bloomsbury Academic.

Stiegler, André (2015): *Sechs Facetten von Handlungsautonomie - Theoretische Zugänge und empirische Übersetzungen*. Vortrag im Rahmen des ÖGS-Soziologiekongresses 2015, 1. – 3. Oktober, Innsbruck.

Strecker, David & Gary S. Schaal (2006): Die politische Theorie der Deliberation. Jürgen Habermas. In: André Brodocz & Gary S. Schaal (Hrsg.): *Politische Theorien der Gegenwart II: Eine Einführung*. Opladen: Leske & Budrich. S. 99–148.

Streeck, Wolfgang (2015): *Gekaufte Zeit. Die vertagte Krise des demokratischen*. Berlin: Suhrkamp.

Taylor, Charles (1992a): *Negative Freiheit? Zur Kritik des neuzeitlichen Individualismus*. Frankfurt am Main: Suhrkamp.

Taylor, Charles (1992b): *The ethics of authenticity*. Cambridge & London: Harvard University Press.

Thunman, Elin (2013): Burnout als sozialpathologisches Phänomen der Selbstverwirklichung. In: Sighard Neckel & Greta Wagner (Hrsg.): *Leistung und Erschöpfung: Burnout in der Wettbewerbsgesellschaft*. Berlin: Suhrkamp. S. 58–85.

Tuider, Elisabeth (2007): Diskursanalyse und Biographieforschung.Zum Wie und Warum von Subjektpositionierungen. In: *Forum Qualitative Sozialforschung* 8 (2). Artikel 6.

Ullrich, Carsten G. (2004): Aktivierende Sozialpolitik und individuelle Autonomie. In: *Soziale Welt* 55 (2). S. 145–158.

Urban, Hans-Jürgen (2004): Eigenverantwortung und Aktivierung. Stützpfeiler einer neuen Wohlfahrtsarchitektur? In: *WSI-Mitteilungen* 57 (9). S. 467–473.

van Dyk, Silke (2010): Grenzüberschreitung als Norm? Zur ›Vereinnahmung‹ von Gegenstrategien im Kapitalismus und den Konsequenzen für eine Soziologie des Widerständigen. In: Karina Becker et al. (Hrsg.): *Grenzverschiebungen des Kapitalismus: Umkämpfte Räume und Orte des Widerstands*. Frankfurt am Main: Campus. S. 33–54.

Vobruba, Georg (1992): Autonomiegewinne: Konsequenzen von Verrechtlichung und Deregulierung. In: *Soziale Welt* 43. S. 168–181.

Vobruba, Georg (2009): *Die Gesellschaft der Leute. Kritik und Gestaltung der sozialen Verhältnisse*. Wiesbaden: VS Verlag für Sozialwissenschaften.

Vobruba, Georg (2014): Autonomiegewinne und Gesellschaftskritik. In: Thilo Fehmel, Stephan Lessenich & Jenny Preunkert (Hrsg.): *Systemzwang und Akteurswissen: Theorie und Empirie von Autonomiegewinnen*. Frankfurt am Main: Campus. S. 265–282.

Voß, G. G. & Cornelia Weiss (2013): Burnout und Depresson - Leiterkrankungen des subjektivierten Kapitalismus oder: Woran leidet der Arbeitskraftunternehmer. In: Sighard Neckel & Greta Wagner (Hrsg.): *Leistung und Erschöpfung: Burnout in der Wettbewerbsgesellschaft*. Berlin: Suhrkamp. S. 29–57.

Voswinkel, Stephan (2011): Paradoxien entgrenzter Arbeit. In: *WestEnd Neue Zeitschrift für Sozialforschung* 8 (1). S. 93–201.

Voswinkel, Stephan (2012): Arbeit und Subjektivität. In: Klaus Dörre, Dieter Sauer & Volker Wittke (Hrsg.): *Kapitalismustheorie und Arbeit: Neue Ansätze soziologischer Kritik*. Frankfurt am Main: Campus. S. 302–315.

Waldron, Jeremy (1993): *Liberal rights. Collected papers, 1981 - 1991*. Cambridge: Cambridge University Press.

Wehling, Peter & Willy Viehöver (2011): *Entgrenzung der Medizin. Von der Heilkunst zur Verbesserung des Menschen?* Bielefeld: transcript.

Wieder, Anna (2016): Autonomie und Alterität. Zu den normativen Grundlagen von Cornelius Castoriadis' Gesellschaftstheorie. In: *Zeitschrift für Praktische Philosophie* 3 (1). S. 203–232.

Witte, Hans D. (1999): Job Insecurity and Psychological Well-being. Review of the Literature and Exploration of Some Unresolved Issues. In: *European Journal of Work and Organizational Psychology* 8 (2). S. 155–177.

Witzel, Andreas (2000): The Problem-centered Interview. In: *Forum Qualitative Sozialforschung* 1 (1). Artikel 22.

Wolf, Harald (1999): *Arbeit und Autonomie*: Westfälisches Dampfboot.

Wolf, Harald (2004): Arbeit, Autonomie, Kritik. In: Joachim Beerhorst, Alex Demirović & Michael Guggemos (Hrsg.): *Kritische Theorie im gesellschaftlichen Strukturwandel*. Frankfurt am Main: Suhrkamp. S. 227–242.

Žižek, Slavoj (2001): *Die Tücke des Subjekts*. Frankfurt am Main: Suhrkamp.

Danksagung

Bedanken möchte ich mich bei Prof. Dr. Hartmut Rosa und Dr. Jörg Oberthür für die Betreuung der Abschlussarbeit. Jun.-Prof. Dr. Stefanie Börner und André Stiegler danke ich für die gemeinsame Arbeit im DFG-Projekt ›Handlungsautonomie in der Spätmoderne‹. Und ich danke Lukas Betzler, Simon Freise, Ricarda Keenan und Theresa Möller für ihre Unterstützung in den verschiedenen Phasen der Arbeit.